Paul Praschinger

Outta here

Wieso das Reisen gerade jungen Leuten gut tut

(Scanne den QR-Code, um in den richtigen Reise-Vibe zu gelangen)

VERLAG
BERGER

Impressum

© Paul Praschinger, 2021

Verlag: Berger Horn/Wien

www.verlag-berger.at

Covergestaltung und Layout: Anna Praschinger, Ann-Kathrin Salmen &
Paul Praschinger

Druck: Ferdinand Berger & Söhne GmbH, 3580 Horn

1. Auflage 2021

ISBN 978-3-85028-968-9

All jenen, die sich manchmal die Frage nach dem persönlichen

Lebenssinn stellen, all jenen, die jeden Tag nicht nur am Leben,

sondern lebendig sein möchten, und all jenen, die das Beste aus ihrer

Zeit auf dieser Welt machen möchten, widme ich dieses Buch.

Der Autor

Paul Praschinger, 1999 in Niederösterreich geboren, ist ein reisefreudiger Student, der möglichst viel aus dem Leben herausholen möchte und gleichzeitig versucht, andere zum gleichen zu inspirieren. Dank einem Auslandspraktikum in London, einem Highschool-Exchange Semester in North Carolina, einer Backpacking-Reise um die Welt und einem Auslandssemester in Utrecht, konnte er für sein junges Alter bereits viel interkulturelle Erfahrung sammeln.

Die Reise

194 Tage	90 Destinationen	54.000 Kilometer

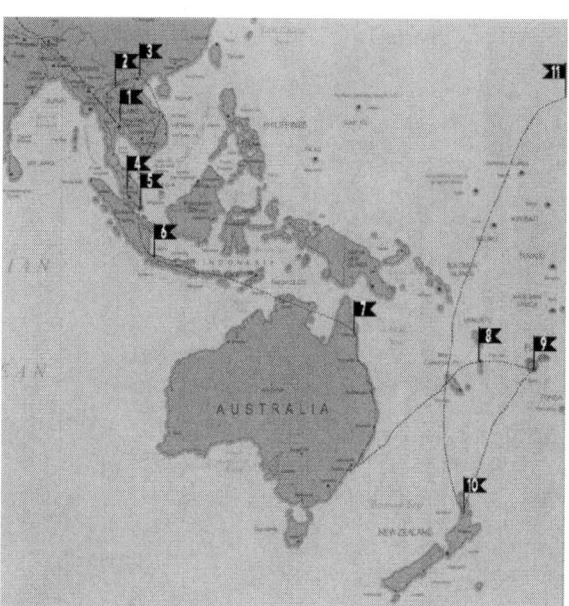

1. Thailand
2. Laos
3. Vietnam
4. Malaysien
5. Singapur
6. Indonesien
7. Australien
8. Vanuatu
9. Fiji
10. Neuseeland
11. USA

Das Buch

Als das Coronavirus im März 2020 gerade begann die Welt unsicher zu machen und ich mit geradezu perfektem Timing meine lebensverändernde Reise um die Welt beendete, wurde mir immer wieder dieselbe Frage gestellt: „Wie wars?" Mit der Intention zu erklären, was ein solches Bündel an Erlebnissen so besonders macht, wieso das Abenteuer des Lebens bei jedem anders aussieht und wieso es vor allem die negativen Erfahrungen waren, die mich prägten, schrieb ich dieses Buch.

Es handelt sich hierbei nicht einfach um eine Erlebniserzählung, die den Leser neidisch machen und Reiselust erwecken soll. Der Kern dieses Buches enthält unbearbeitete Live-Emotionen, die unmittelbar nach den Geschehnissen in meinem Reisetagebuch festgehalten wurden. Diese werden von interkulturellen Begegnungen sowie diversen Gedanken, die einem außerhalb der Komfortzone durch den Kopf schwirren, begleitet.

Das Buch soll bewirken, den Mehrwert meiner persönlichen Erkenntnisse mit der Welt zu teilen und den Lesern das Geschenk des Lebens bewusster zu machen. Der rote Faden, der sich durch das Buch zieht, ist eine Botschaft, die meiner persönlichen Lebenseinstellung gleicht:

„Live a life you will remember."

Inhalt

Einleitung

Wir schreiben den zwölften März 2020. Aufgrund der sich täglich ändernden Situation des mittlerweile auch in Europa ausgebrochenen Coronavirus entschied ich, anstatt des ursprünglich geplanten Zwischenaufenthalts in Kopenhagen, direkt in meine Heimat nach Wien zu fliegen. Ich buchte mir demnach auf meinem Handy am internationalen Flughafen von Los Angeles einen Flieger von London nach Wien, anstatt wie ursprünglich geplant nach Dänemark. Etwas später sah ich bereits eine Stunde vor Abflug eine riesige Menschenschlange vor meinem Gate stehen. "Da stimmt doch etwas nicht", dachte ich mir und ging auf sie zu. Ich fragte einen wartenden, jungen Mann, wieso die Menschen bereits eine Stunde vor dem Abflug in der Reihe standen. Er erklärte mir, dass sie alle den Flug canceln möchten, und legte mir nahe, die "breaking news" zu lesen.

Der Präsident der Vereinigten Staaten hatte eine halbe Stunde zuvor getwittert, dass ab sofort alle Flüge von den USA nach Europa gestrichen sind, wobei das Vereinigte Königreich als einzige Ausnahme gilt! Die Menschen in der Schlange hatten offenbar allesamt Angst, nicht mehr in die USA zurückreisen zu dürfen und stornierten ihren Flug. Sofort wurde mir mein Glück bewusst. Ich hätte genauso andere Zwischenstopp-Optionen wie Amsterdam oder Frankfurt auswählen können. Hätte ich mich für eine von diesen

Beiden entschieden, wäre ich wohl am Flughafen festgesteckt. Wie es der Zufall jedoch wollte, war meine Bevorzugung Londons im Nachhinein gesehen die richtige Entscheidung.

Nach einem zehnstündigen Flug kam ich am Londoner Flughafen "Gatwick" an. Hier aß ich eine Mahlzeit und stieg in den nächsten Flieger nach Wien. Zum ersten Mal mit vollem Bewusstsein über meine Ausgangslage ging mir Folgendes durch den Kopf:

Nur noch zwei Stunden, bis ich meine Familie wieder in den Arm nehmen kann. Nur noch zwei Stunden, bis ich wieder in meinem eigenen Bett schlafen kann. Nur noch zwei Stunden, bis ich mich wieder in meinem alten Leben befinden werde. Plötzlich bricht in mir ein Gefühlschaos aus, in dem alle Emotionen in mir hochkommen. Ich bin glücklich wieder mein geliebtes Umfeld um mich herum haben zu können und zugleich traurig, dass ich mich am Ende eines unvergesslichen Abenteuers befinde. Gleichzeitig bin ich aufgeregt und freue mich darauf, meine Familie und engsten Freunde wieder zu sehen und ihnen von all meinen Erlebnissen erzählen zu können. Aber ich habe Angst davor, meinen Lebensstil, meinen klaren Kopf und meine Gewohnheiten wieder zu verlieren, die ich während des Reisens entwickelt habe. Auch Dankbarkeit und Euphorie begleiten mich durch diese Stunden. Lauter Emotionen, die gerade beginnend im Kopf durch meinen ganzen Körper fließen. Nun sitze ich hier im Flugzeug und kann es kaum fassen. Es ist ein komisches Gefühl, welches ich im Bauch trage. Ich fühle mich wohl und zugleich unwohl...

Über ein halbes Jahr voller Abenteuer, Spontanität, Freiheit, Erfahrungen, neuer Bekanntschaften und Erfüllung meines Traumes. Plötzlich ist alles vorbei. Keine Suche nach neuen Destinationen, keine Anpassungen auf komplett neue Ausgangslagen und keine Ungewissheit mehr über die Zukunft. Zweifellos und mit gutem Gewissen kann ich behaupten, dass mich diese Reise verändert hat. Ich sehe seither das Leben und das eines jeden anderen Menschen nicht mehr mit denselben Augen wie zuvor, habe mehr gelernt als während meiner gesamten Schulzeit und ich werde das Gefühl nicht mehr los, dass in meinem Leben nichts mehr so sein wird, wie es einst war.

Für den Rest meines Lebens werden Dankbarkeit, Bewusstsein, Menschlichkeit, Leidenschaft, Verbundenheit, Neugierde und Mut an meiner Seite sein. Natürlich waren diese Werte schon immer treue Begleiter meiner selbst, allerdings jetzt um ein Vielfaches mehr. Ich fühle mich um einiges stärker, weiser, freier, selbstbewusster, reifer und klarer im Kopf als zuvor. Ich habe mich selbst besser kennengelernt, weiß jetzt, was mich ausmacht, wozu ich fähig bin, was ich erreichen möchte und wie ich den Rest meines Lebens gestalten möchte.

Diese Reise war eine Investition in mich selbst und die beste, die ich je hätte machen können. Ich habe gelernt, was das Leben ausmacht, was wirklich zählt und wie wertvoll das Leben sein kann. All dies habe ich der Entscheidung zu verdanken, diese spirituelle Reise um die Welt anzutreten.

Um euch näher zu bringen, wie es überhaupt zu diesem Entschluss kam, muss ich ein halbes Jahr in der Zeit zurückgehen. Um genauer zu sein, um 194 Tage.

Auszug aus der ersten Seite meines Reisetagebuchs

Samstag, 31. August 2019

Seit ich denken kann, bin ich begeistert von den Erzählungen der Weltreise meines Vaters. Mit 14 Jahren nahm ich mir fest vor, eines Tages dasselbe zu tun: Einen großen Rucksack mit ein bisschen Kleidung und Reiseequipment packen und ein "One-way"-Ticket zu einem mir noch unbekannten Kontinent zu kaufen. Egal wohin, Hauptsache weit weg von Zuhause. Versteht mich nicht falsch, ich liebe mein Zuhause, aber im Laufe meines Lebens entwickelte ich eine Sehnsucht. Die Sehnsucht nach einem Abenteuer, das mein Leben komplett auf den Kopf stellen würde. Einfach einmal die Erwartungen, die andere von mir haben, loszulassen, nicht daran denken zu müssen, was ich tagein, tagaus tun sollte, weil es sinnvoll und gut für mich ist und unseren sozialen Vorstellungen entspricht. Ich hatte zwei Wünsche: Freiheit und Unabhängigkeit. Aber wie jeder weiß, bleibt ein Wunsch ein Wunsch, wenn man ihn nicht zu einer Vision macht und sich Ziele setzt.

Und was braucht man dazu? Richtig, einen Plan. Im Alter von 14 Jahren visualisierte ich also meinen Traum und setzte mir das Ziel, eines Tages genug Möglichkeiten zu haben, um ihn zu verwirklichen. Jahre vergingen, ich lebte ein möglichst sparsames Leben, arbeitete während meiner Schulzeit in den Sommermonaten und nutzte jede Chance, um hier und da noch ein bisschen Geld dazu zu verdienen. Als ich mit der Schule fertig war, begann es ernst zu werden: Ich erzählte meinem unmittelbaren Umfeld von meinen Plänen. Die meisten Leute waren begeistert, aber es gab dennoch ein Paar "Nay-Sayers", die meine Vision hinterfragten.

"Du bist doch noch viel zu jung."

"Sieh dir doch erst einmal alle österreichischen Bundesländer an, bevor du die Welt erkunden gehst."

"Aber dann verlierst du doch ein Jahr deines Lebens und bist allen anderen hinterher."

"Alleine in einem Land, dessen Sprache du nicht sprichst? Das ist doch viel zu gefährlich!"

"Um das Geld kannst du dir doch ein Auto kaufen oder dich in eine Wohnung einmieten!"

Alles Sätze, die ich zu hören bekam, die mich aber keine Sekunde lang dazu brachten, an meinen Plänen zu zweifeln. Die meisten Leute befürworteten sogar mein Vorhaben und erzählten, wie gerne sie eine solche Reise auch antreten würden oder angetreten hätten, wenn da nicht dies oder das in ihrem Leben wäre, das sie davon abhält.

Eine Person gab es allerdings, die anders dachte: Mein bester Freund Raffi. Er war sofort in die Idee einer Reise um die Welt verliebt und es

14

dauerte nicht lange, bis er beschloss, sich mir anzuschließen. Gemeinsam setzten wir uns infolgedessen regelmäßig zusammen und begannen konkrete Pläne zu schmieden. Wobei es dabei lediglich um den Start der Reise ging, denn zwei Richtlinien hatten oberste Priorität: Flexibilität und Einfachheit. Ursprünglich plante ich sogar, nicht einmal mein Smartphone mitzunehmen, was meinen Eltern in dem Moment, in dem ich ihnen davon erzählte, Sorgen bereitete. Wir einigten uns also darauf, dass ich zwar mein Handy mitnehmen, mir allerdings keine SIM-Karte unterwegs kaufen werde. Das Ziel war, der Digitalisierung so gut wie möglich auszuweichen, weswegen ich mir sogar eine analoge Kamera mit alten Filmen zum Entwickeln kaufte. Kein Internet und keine Reiseführer –rausgehen, nicht zu viel nachdenken und einfach machen.

Während unseres letzten Jahres des Arbeitens und Sparens fragte uns ein ehemaliger Schulkollege, der auf den Namen Lukas hört, ob er uns im ersten Monat begleiten könne. Zugegeben, langsam wurden es mir schon zu viele Leute, aber bei ihm wusste ich, dass er unser Duo gut ergänzen und uns von nichts abhalten würde, also war ich, genauso wie Raffi, einverstanden.

Nach vielen Jahren an Wartezeit, Vorfreude und Ansparungen...

nach anstrengenden und vorbereitenden Wochen und Monaten...

nach vielen emotionalen Verabschiedungen während der letzten Tage vor Reiseantritt...

...sitze ich nun endlich im Flugzeug am Weg nach Bangkok, wo meine lang ersehnte, große Backpacking-Reise für mich und meine Freunde Raffi und Lukas startet. "Müde, aber aufgrund der Vorfreude nicht in der Lage einzuschlafen", trifft meinen momentanen Zustand wohl am besten. Mit Süßigkeiten und einer Flasche Schnaps im Rucksack, die wir noch am Flughafen gekauft haben, warten wir jetzt nur noch auf die für 05:30 Uhr geplante Ankunft, bei der ich zum ersten Mal meine Füße auf asiatischen Boden setzen werde. Ein bestimmtes Gefühl sagt mir, dass der heutige Tag noch sehr erinnerungswürdig und lustig wird ...ich bin ja mal gespannt...

So, jetzt wisst ihr, wie ich zu dieser Entscheidung kam. Es handelte sich um einen Traum, den ich verwirklichen wollte und schlussendlich verwirklicht habe. Wie bereits erwähnt, habe ich dabei einige Dinge sowohl über mich selbst als auch über das Leben an sich gelernt. Mit 20 Jahren fühle ich mich weiser, als ich es mir jemals für dieses Alter hätte zumuten können. Ich habe Lehren erteilt bekommen, die man weder in der Schule noch an der Universität, in der Arbeit oder zuhause bekommt. Diese Lehren haben mir die Augen geöffnet und eine Denkweise ermöglicht, die ich, ohne dieser Reise, niemals erlernt hätte.

Ich möchte, dass ihr erfahrt, welche Erfahrungen mich zu dem Menschen gemacht haben, der ich heute bin und welche lebensverändernden Lehren mir meine Erlebnisse mitgegeben haben.

Die Struktur dieses Buches bilden wahre Anekdoten, zwischen denen Zeitsprünge in beide Richtungen gemacht werden. Grund dafür ist, dass sich die Moral einzelner Erlebnisse, die nicht in chronologischer Reihenfolge beschrieben werden, ähnelt und daher zwischen fünf spezifischen Kapiteln unterschieden werden kann:

Eye-Opener

Destiny

Comfort Zone

Tough Times

Eight New Perspectives

Kapitel 1 – Eye-Openers

Während meiner Reise kam es nicht nur einmal vor, dass ich vor Offenbarungen stand, bei denen ich fühlte, als würde alles plötzlich einen Sinn ergeben. "Die Welt ist wunderschön, aber manchmal vergessen wir, die Augen zu öffnen.", sagt man doch so schön. Der Hintergedanke dieses Satzes lässt sich schnell verstehen, aber nicht jeder ist in der Lage, die wahre Bedeutung dahinter zu fühlen. Im Prinzip ist das wie in der Schule. Es ist einfach dem Lehrer zu sagen, dass man etwas versteht, obwohl man nach wie vor keine Ahnung hat, wovon er redet. Um weder dumm dazustehen noch den Unterricht ins Stocken zu bringen, gibt man sich damit zufrieden, das Gesagte gehört, ohne den Hintergedanken dabei verstanden zu haben. Viel interessanter wird ein Thema allerdings, wenn es "Klick" gemacht hat. Der Moment, in dem man die wahre Bedeutung einer Sache begreift, mitreden und hinterfragen kann, verändert einfach alles.

Tatsache ist, wer es schafft, die Dinge im Leben aus verschiedenen Perspektiven zu betrachten, hat am Ende die Wahl und kann sich die sinnvollste aussuchen. Wer hingegen alles aus derselben Perspektive sieht, behält ein einseitiges Denkmuster und wird nicht in der Lage sein, das eigene Spektrum zu erweitern. Wer es schafft, eine Situation aus mehreren Blickwinkeln zu betrachten, dem fällt es leichter, andere Personen, sich selbst und die Art und Weise wie die Welt funktioniert, zu verstehen.

In diesem Kapitel geht es um Momente, die meine persönliche Sichtweise ruckartig auf den Kopf stellten und mir die Möglichkeit gaben, meinen Horizont zu erweitern. Man könnte es sich wie eine Tür in einem Haus vorstellen, die man zum ersten Mal erblickt. Man wagt es, auf die Tür zuzugehen, sie zu öffnen und auf einmal befindet man sich in einem zuvor unbekannten Raum. Dieser bringt einen dazu zu hinterfragen, ob es denn noch mehr unbekannte Türen und Räume im Haus gibt. Durch diese Neugierde beginnt man immer wieder nach unentdeckten Türen zu suchen, die einen in unbekannte Räume voller neuer Gedanken und Möglichkeiten bringen. Die Suche nach diesen Türen und Momente, in denen ich auf neu gewonnene Erkenntnisse stieß; genau darum geht es in diesem Kapitel...

> *"Die schönsten Erinnerungen existieren im Kopf, nicht anhand eines Fotos."*

Die zweite Woche seit dem One-way Flug nach Bangkok begann. Langsam hatten wir uns schon an Thailand gewöhnt und von Tag zu Tag wurde alles ein Stück klarer und "normaler". Es war ein Mittwoch, an dem wir um 17:00 Uhr zu einem von der Rezeptionistin empfohlenen Strand gefahren wurden, der laut ihren Angaben der unbekannteste und somit der geheimste Strand der Region sei. Die Überlegung, sich Motorräder auszuborgen war da, aber das Selbstbewusstsein ohne jegliche Erfahrungen in einer verkehrsreichen Gegend, ohne ersichtliche Verkehrsregeln, zu fahren, hatten wir (noch) nicht.

Nachdem uns ein Taxifahrer in die Nähe des besagten Strandes brachte, wurden wir vor einem Dschungel abgesetzt mit der Information, dass man nur etwas hineingehen müsse, um auf einen Weg zu gelangen, der einen weiter zum geheimen Strand führt. Trotz misstrauischer Hintergedanken folgten wir den Anweisungen des Fahrers und fanden nach kurzer Suche tatsächlich den von ihm beschriebenen Weg, auf dem Fußspuren zu erkennen waren. Es war keine Menschenseele weit und breit zu sehen – nur Lukas, Raffi, die Natur und ich. Die Stimmung war so ruhig und friedlich, wie ich es selten zuvor in meinem Leben verspürt hatte. Wir fanden einen Platz, der sehr verlassen aussah. Der dort herumliegende Müll war allerdings ein Zeichen der Zivilisation. Kurz bevor wir es zum Strand schafften, mussten wir etliche Hindernisse überwinden, indem wir auf riesige Felsen klettern und uns springend fortbewegen mussten.

Nach dem abenteuerlichen Parkour am Strand angekommen, schmissen wir unser ganzes Zeug auf den Sand und rannten ins kristallklare, warme Meer. "Einfach zu geil, um wahr zu sein!", schrie ich herum. Zuvor hatte ich selten meine Freiheit so stark verspürt, wie in diesen Momenten. Die Aussicht war unglaublich, die Wellen so hoch, wie ich es noch nie erlebt hatte. Wir hatten vor uns das große Meer und hinter uns den grünen Dschungel. Plötzlich kam mir der Gedanke: "Ich hatte meine Analog-Kamera vergessen!" Sofort überkam mich das Gefühl der Reue. Ich versuchte mit aller Kraft diesen Gedanken zu vergessen und mich auf das Hier und Jetzt zu konzentrieren, was mir glücklicherweise erfolgreich gelang.

Nach einer unvergesslichen Zeit voller Genuss, Spaß und Lebensfreude setzten wir uns auf den goldgelben Sand und beobachteten, wie die Sonne langsam unterging. Ein unbezahlbarer Anblick. Zur selben Zeit kam in mir folgender Gedanke hoch: Wir hatten nicht viel mehr als zwei Stunden hier an diesem fabelhaften Ort. Hätte ich meine Kamera und meine GoPro mitgehabt, hätte ich vermutlich die kostbare Zeit damit verbracht Aufnahmen zu machen, um anderen Leuten diesen Ort zu zeigen.

Im Anschluss gewann ich die Erkenntnis, dass es für mich persönlich viel wertvoller war, diese kostbare Zeit in vollen Zügen zu genießen, als sie in irgendetwas anderes zu investieren. Dabei kam mir ein Spruch in den Sinn, den ein guter Schulfreund von mir einst immer sagte, um die Herzen der Mädchen schwach werden zu lassen: "Genieße den Moment, bevor er zur Erinnerung wird." An diesem Tag wurde mir die Bedeutung dahinter richtig bewusst. Seit diesem Tag hat kein Foto mehr eine größere Importanz als die Erinnerung an einen genossenen Moment in meinem Gedächtnis.

"Backpacker sind keine klassischen Touristen."

Bitte merken: Es herrschen bedeutende Unterschiede zwischen einem Urlaub und einer Reise sowie zwischen Backpackern und den klassischen Touristen. Grundsätzlich gilt: Touristen machen Urlaub und finden vor, während Backpacker ein ungewisses Abenteuer anstreben und entdecken. Wir alle kennen sie. Egal, ob es um den scheinbar nur auf Fotos fixierten Chinesen mit der riesigen Kamera, den betrunkenen Engländer, der seinen Urlaub fast ausschließlich mit Grölen und Feiern verbringt, oder die Russin, die beim Skifahren einen Gucci Gürtel trägt, geht. Diese Stereotypen sind überall auf der Welt verstreut und im Idealfall schaffen wir es ihnen beim Reisen aus dem Weg zu gehen.

Urlaubern geht es grundsätzlich darum, alles zu sehen, was den Ort bekannt macht, wobei das Beweisfoto, um allen zu zeigen, dass man da war, natürlich auch nicht fehlen darf. Sie haben meistens bestimmte Erwartungen an den Ort und wissen bereits bei der Buchung der Flüge, wie die Urlaubstage aussehen werden, wo sie ihre Zeit verbringen und welche Erlebnisse gemacht werden sollen. Versteht mich nicht falsch, ich würde lügen, wenn ich behaupte, ich wäre noch niemals ein typischer Urlauber gewesen. Ganz im Gegenteil. Ich denke, der Großteil meiner Reisen sind als Urlaube zu sehen, doch nicht diese. Das wurde mir nach 41 Tagen endgültig klar, während Raffi und ich uns in Vietnam befanden.

Wir kamen an jenem Tag morgens auf einer Insel namens Cat Ba an und borgten uns gleich nach dem Check-in im Hostel ein Motorrad für den Tag aus, das es uns leichter machen sollte, die Gegend zu erkunden. Wir hatten keinen Plan und weder gewisse Vorstellungen noch jegliches Zeitgefühl, weshalb wir einzig und allein auf unsere Entdeckerlust vertrauten. Nach etwa einer Stunde hielt uns eine Frau an, die schien als würde sie Hilfe brauchen. Als wir auf sie zugingen, wurde allerdings schnell klar, dass sie uns eigentlich nur etwas verkaufen wollte, weswegen wir weiterfuhren.

Irgendwann ging es durch eine kleine Seitengasse mit der Idee eine Abkürzung zu nehmen, die uns zu einem Privatgrund führte. Dort trafen wir auf einen Pack bellender und Zähne fletschender Hunde, die in engen Käfigen eingesperrt waren. An diesem Ort bekam ich ein mulmiges, ungutes Gefühl und als wir die tiefe Stimme eines aufgebrachten Mannes hörten, entschieden wir uns rasch umzudrehen. Nachdem wir noch ein Stück lang der Straße gefolgt waren, kamen wir an einem Pier an. Ich stellte das Motorrad ab und ging zu einer Tafel, die Tarife für Boottransfers auf andere Inseln zeigte.

Mein Lesefluss wurde abrupt von einem einheimischen Bootsfahrer unterbrochen, der damit begann von der sogenannten "Monkey Island" zu schwärmen. Er behauptete, wir sähen aus wie zwei junge Backpacker, die einen Spezialpreis verdient hätten. Nach einer kurzweiligen Verhandlung überzeugte er uns von der Insel, wodurch wir endlich wussten, wie unser Nachmittag aussehen würde. Zu einem günstigen Preis fuhr er uns mit seinem Boot eine halbe Stunde lang zur besagten Insel. Wir teilten uns den Transfer mit einem amerikanischen Pärchen, das allerdings eine andere Enddestination als wir hatte. Die private Bootsfahrt war erstaunlich. Wir fuhren auf smaragdgrünem Wasser an hunderten hoch aufragenden, von Regenwald bedeckten Kalksteininseln vorbei und bekamen die Möglichkeit, die wahre Schönheit der sogenannten "Halong-Bucht" zu entdecken. Angekommen, realisierten wir, dass die Insel kleiner war als gedacht. Außerdem waren wir neben zwei "Locals" die einzigen Menschen, die sich zu diesem Zeitpunkt auf der Insel befanden. Das sahen wir als einmalige Chance, die wir nutzen mussten.

Das Wetter spielte uns perfekt in die Karten, das Wasser war kristallklar mit hellblauem Touch und der weite Blick auf den Horizont des Meeres phänomenal. In der ersten Stunde genossen wir das Inselparadies mit vollen Zügen, bis uns plötzlich die Geräusche dreier Boote, die auf die Insel zusteuerten, aus der Ruhe brachten. Im Nullkommanichts füllte sich Monkey Island daraufhin mit geschätzt 200 Touristen. Bei zwei Drittel davon handelte es sich dabei um die zuvor beschriebenen klischeehaften Urlaubstouristen. Mit einem Schlag zerfiel die noch zuvor im Einklang gewesene Energie, die auf der Insel herrschte. Nun war es überall laut, überrannt und man konnte sich keine drei Meter mehr bewegen, ohne in einen Kamera-Schnappschuss zu geraten.

Um Punkt 14:00 Uhr versammelten sich alle Touristen vor dem Beginn des kleinen Dschungels, was uns Neugierde bereitete. Als wir uns gerade dazu gestellt hatten, kam wortwörtlich eine Affenbande angeschwungen. Einer der Reiseführer erklärte, dass diese Affen jeden Tag um 14:00 Uhr herum an diese Stelle kommen, weil sie genau wissen, dass dies die Tageszeit ist, bei der sie von Menschen gefüttert werden. Mit großer Begeisterung sah ich den Affen beim Fressen, Spielen und "Kämpfen" zu und fand sehr viel Faszination daran, sie still zu beobachten. Die gute Laune verging mir leider bei einem bestimmten Anblick sofort.

Ich sah ignorante Touristen, die den Affen jeden Blödsinn zuwarfen, um zu sehen, was sie alles versuchen würden zu essen. Nachdem es mit Oreo Keksen und Pringles funktionierte, versuchten sie es mit Bierdosen. Zugegeben, als ich einen der Affen dabei beobachtete, wie er auf einem Baum saß und aus einer Bierdose den letzten Schluck trank, war es mir nicht möglich einen kleinen Grinser zu verkneifen, aber als die Leute den Tieren nur noch Plastik Richtung Dschungel zuwarfen, um zu sehen, was sie damit machen würden, ging es mir definitiv zu weit.

Während dieser Aktion schüttelte ich mit verdrehten Augen beabsichtigt auffällig vor einem der Reiseführer den Kopf und fügte im Anschluss noch einen fremdschämenden Seufzer hinzu mit der Hoffnung, den Reiseführer auf das beschämende Verhalten der Gruppe aufmerksam zu machen – mit Erfolg! Dieser forderte die Touristen dazu auf, das sein zu lassen und sammelte anschließend seine Gruppe zusammen, um wieder zurück auf das Boot zu gelangen. Als die Anzahl der sich auf der Insel befindenden Menschen wieder verringerte, schlug mir einer der von Anfang an dagewesenen Vietnamesen eine spaßige Aktion vor, die er mit meiner Hilfe durchführen könne. Vor den Augen eines kleineren Affen tat der Mann so, als würde er ein Stück einer Banane in die Seitentasche meiner Badehose stecken. Demnach erwartete der Affe das besagte Stück in der Hosentasche zu finden, sprang auf mich und klammerte sich an meinen rechten Oberschenkel. Mit enttäuschter Miene im Gesicht, sah mir das Äffchen in die Augen. Wenn ich darüber nachdenke, hat mich noch nie jemand mit so einem liebenswerten und zugleich verwirrten Blick angesehen – definitiv mein Highlight des Tages!

An jenem Tag wurden mir nicht nur einmal wieder meine Gefühle gegenüber den Klischee-Touristen, sondern auch über die Art und Weise bewusst, wie ich nach Möglichkeit auch den Rest der Reise verbringen möchte: Spontan, ohne viel Vorplanung, nach Lust und Laune abseits der herkömmlichen Pfade und mit dem Fokus auf das Hier und Jetzt.

> *"Rege dich nicht über Dinge auf, für die niemand verantwortlich ist."*

Diese Lehre bringt uns nach Laos – eines der noch unberührtesten Länder meiner Reise. Folgendes ist passiert:

Eines Morgens wachte ich in einer Jugendherberge auf und spürte ein Jucken auf meinem Körper. Als ich die Bettdecke auf die Seite warf, entdeckte ich unzählige rote Bisse auf den Füßen und etwas später auch auf meinen Ellenbogen. Als Raffi aufwachte, entdeckte auch er dutzende juckende, rote Punkte auf seiner Haut. Hier war uns klar, dass es sich um Bettwanzen handeln müsste – eine Erfahrung, mit der wir früher oder später gerechnet hatten, aber dennoch hofften, sie niemals machen zu müssen.

Der Kampf zwischen dem Verlangen sich zu kratzen und dem Gedanken diszipliniert zu bleiben und sie in Ruhe zu lassen, war hart und reizte uns umso mehr. Nach einer kurzen Besprechung einigten wir uns darauf uns kläglich beim Manager aufzuregen, um das Bestmögliche aus diesem Fall herauszuholen, indem wir ihm mit einer schlechten Bewertung drohten. Genervt gingen wir die Stufen zur Rezeption hinab und auf den Manager zu, der uns mit seiner freundlichen, gelassenen Ausstrahlung empfing. Als wir ihm von unserem Unglück erzählten, entschuldigte er sich sofort, bot uns ein neues Zimmer an und schmierte mit seinen eigenen Händen, ohne zu zögern unsere Füße mit einer heilenden Creme ein. Dies war der Moment, in dem wir eigentlich geplant hatten, noch mehr zu verlangen. Als ich allerdings sah, wie er kniend vor Raffi hockte und ihm die Füße eincremte, fand in meinem Kopf eine Rückblende statt. Ich musste an ein Ereignis denken, das erst ein paar Tage zuvor stattgefunden hatte:

An einem Ort, einige Kilometer weiter nördlich, hatten wir uns ein Hostelzimmer mit zwei Frauen geteilt, die sich tagsüber abwechselnd am Weg zum Rezeptionisten machten, der die Fernbedienung hatte, die die Klimaanlage steuerte. Die zwei Damen waren beide aus komplett verschiedenen Kulturen. Eine von ihnen war Asiatin, die recht schnell zu frieren schien, während die Südamerikanerin behauptete, die Hitze nicht auszuhalten und die Zimmertemperatur immer auf eine arktische Temperatur runterdrehen wollte.

Als ich um 23:00 Uhr etwas aus dem Dorm holte, bekam ich mit, wie sich die beiden nach wie vor damit auseinandersetzten, wer die Kontrolle über die Klimaanlage haben sollte. Als Raffi und ich um 01:00 Uhr nachts wieder zurück auf das Zimmer kamen, schien sich die Südamerikanerin durchgesetzt zu haben, denn das Zimmer war erneut verdammt kühl und es fühlte sich an, als würden aus der Decke jeden Moment kleine Eiszapfen wachsen. Nachdem die beiden bereits schliefen, baten wir den Rezeptionisten die Anlage auszuschalten. Nach nicht einmal zwei Minuten wachte die Südamerikanerin auf und beschwerte sich bei uns über die Hitze. Dabei hatte es noch immer dieselbe Temperatur wie zuvor – alles was sie also bemerkte, war, dass die Anlage ausgeschalten worden war und sie damit assoziierte, dass ihr bald zu heiß werden würde.

Wie es der Zufall wollte, wachte auch die Asiatin auf, was dazu führte, dass der Streit wieder von neu losging, wobei sich Raffi und ich erneut raushielten. Der junge Rezeptionist, dessen Schicht eigentlich schon vorbei war, hörte die Diskussion aus der Ferne und kam auch dazu. Allerdings war er von Kopf bis Fuß mit der Situation überfordert und wusste niemanden zu helfen. Hilflos bat er uns, ihm bei dieser Zwickmühle zu unterstützen. Er wirkte noch sehr jung und unerfahren und schien nicht das nötige Selbstbewusstsein zu haben, um das Problem allein bewältigen zu können.

Nachdem sich vier von fünf Leuten der Gruppe auf eine Temperatur geeinigt hatten, begann die Südamerikanerin ihre Koffer zu packen und redete sich selbst ein, dass sie diese Hitze unmöglich ertragen könne. Mit leeren Argumenten und Tränen im Gesicht versuchte sie betrunkene Gäste, die noch draußen vor dem Eingang saßen, zu überreden ihr zu helfen. Als sie dann realisierte, dass niemand in der Lage war ihr Leid mitzuempfinden, verließ sie in voller Rage das Hostel. Für gewöhnlich verspüre ich immer viel Mitleid und Empathie für andere Menschen, aber in diesem Fall gab es echt keinen Bedarf.

45 Minuten später, als alle bereits friedlich im Bett lagen und größtenteils bereits schliefen, kam sie schreiend wieder zurück. Sie machte sich noch unbeliebter als zuvor, indem sie damit alle aufweckte. Klopfend stellte sie sich mit voller Wut vor die Zimmertüre des jungen Rezeptionisten. Als er die Türe öffnete, schrie sie ihn an und drohte damit die Polizei zu rufen, wenn er nicht sofort die Klimaanlage wieder zurück auf 18 Grad drehen würde. Als wir ihr Geschrei hörten, wusste ich, er brauchte erneut unsere Hilfe und ich mischte mich ein letztes Mal ein. Als sie realisierte, dass ihr stures Verhalten zu nichts führen würde, gab sie es auf und verließ das Hostel endgültig. Diese Frau widerte mich mit ihrem Verhalten so an, dass ich mir zum Gebot machte, mich niemals bei Leuten, die es eigentlich nur gut meinen und es allen recht machen wollen, lächerlich über Gegebenheiten aufzuregen. Außerdem bestätigte mir diese Erfahrung wieder, dass ich ein Mensch sein möchte, der

versucht die Dinge auch aus der Sicht der Mitmenschen zu betrachten.

Somit entschied ich mich dazu, den hilfsbereiten Hostelmanager, der noch immer mit Raffis Füßen beschäftigt war, nicht anzubrüllen und wusste stattdessen seine Freundlichkeit zu schätzen. Im Endeffekt handelte es sich schließlich um ein Problem, das sich wenige Tage später von allein auflöste und uns bis zum heutigen Tage ein Schmunzeln bereitet.

> *"Eine einzelne Person kann viel ausmachen – selbst in einer Gruppe."*

Diese Geschichte bringt uns nach Vietnam, als wir gerade an einem neuen Ort ankamen. Da diese Gegend nur als Zwischenstopp galt, entschieden wir uns einen persönlichen Rekord in Sachen Zimmergröße aufzustellen. Bisher war das größte Zimmer, in dem wir eine Nacht verbracht hatten, mit zwölf Betten besetzt. Diese Zahl wurde in jener Nacht in den Schatten gestellt, in der wir uns mit gemischten Bauchgefühlen je ein Bett in einem 24-Bett-Zimmer buchten. Den Umständen entsprechend kostete diese Nacht jeden von uns lediglich zwei Euro pro Nase und ob ihr es glaubt oder nicht, das Frühstück war im Preis inbegriffen.

Mein Sieg in einem Schachspiel gegen Raffi sollte nicht die einzige Sensation des Abends sein, denn als wir um etwa 01:00 Uhr nachts das Zimmer betraten, begannen wir beide unmittelbar die Augen zu verdrehen. Knapp neben Raffis Bett schlief ein Typ, der in meinen Augen gute Chancen auf den Titel des lautesten, rotzigsten und ekeligsten Schnarchers der Welt gehabt hätte. Er hielt das ganze Zimmer wach, was zu Beginn alle noch amüsierte, nach einer Zeit aber zu einem ernstzunehmenden Problem wurde. Die Leute versuchten ihn erst mit nachgeahmten Schnarch-Geräuschen und danach mit mehrmaligem Klopfen gegen seine Bettkante aufzuwecken, aber der Mann schlief tief und fest wie ein Stein. Selbst das Verwenden von Ohrstöpseln erwies sich als wirkungslos. Die einzige Chance war es, eine der kurzen Phasen zu nutzen, in denen er Ruhe gab, um in den Tiefschlaf zu gelangen.

Es kostete mich knappe zwei geduldige Stunden, um diese Chance ergreifen zu können. Diese nervenaufreibende Situation erinnerte mich einmal wieder daran, dass eine Person viel ausmachen und die Erfahrung aller Beteiligten sowohl positiv als auch negativ beeinflussen kann. Deswegen sollte man die Macht eines einflussreichen Einzelnen niemals unterschätzen.

> *"Was wäre die Süße des Lebens, wenn man nicht wüsste, wie die Bitterkeit schmeckt?"*

Wenn wir schon bei unglücklichen Erfahrungen mit Fremden sind, dann möchte ich euch die folgende Geschichte nicht vorenthalten:

Es waren bereits 104 Tage seit dem Start der Reise vergangen und ich befand mich nicht nur in meiner letzten Woche in Südostasien, sondern auch in einem Klassiker: Freitag der 13. Wir reisten zu dieser Zeit durch Indonesien, genauer gesagt auf der mittlerweile weltbekannten Trauminsel Bali, als wir uns fragten, ob es sich beim "Freitag den 13." vielleicht doch nicht um einen erfundenen Aberglauben handelt. Mittlerweile waren wir im Motorradfahren selbstbewusst geworden und borgten uns auch an jenem Tag eines gemeinsam aus. Die Sonne machte sich durch heiße Temperaturen bemerkbar, konnte uns allerdings nicht vom Ziel abhalten, welches etwa eine Stunde entfernt lag.

Nach 45 Minuten Fahrt wurden wir plötzlich von zwei Polizisten aufgehalten, die sich gerade auf Streife befanden. Als wird gebeten wurden auf die linke Straßenseite ranzufahren (Ja, in Indonesien herrscht Linksverkehr), brach in mir bereits leichte Panik aus. Die Beamten wollten meinen internationalen Führerschein sehen, den ich erstens im Hostelzimmer vergessen hatte und zweitens der mir sowieso nicht hätte helfen können, da ich schließlich keinen A-Schein besaß. Wir waren demnach ziemlich in der Klemme. Einer der

Polizisten sprach zu uns und erklärte, dass sie das Fahrzeug beschlagnahmen müssten und wir in der darauffolgenden Woche vor Gericht eine Strafe von drei Millionen Rupiah (umgerechnet 192€ - zum Vergleich: das indonesische Durchschnittseinkommen liegt bei 168€ monatlich – Stand 2019) bezahlen müssten.

Die darauffolgende Aussage habe ich bereits zuvor in Erzählungen von anderen Reisenden gehört und hat mich dementsprechend wenig überrascht. "Weil sie einen guten Tag hätten", gaben sie uns die Alternative, ihnen die Hälfte des Geldes sofort auf die Hand zu geben. Als Gegenzug würden sie die Angelegenheit wieder vergessen und wir könnten weiterfahren. Dieses korrupte Handeln machte mich richtig sauer, vor allem deswegen, weil ich wusste, dass wir nicht wirklich etwas dagegen tun konnten. Ich wollte sie mit dieser unfairen Vorgehensweise auf keinen Fall gewinnen lassen, aber nachdem unser Flug schon für ein paar Tage später terminisiert war, schätzten wir das Schmiergeld als sicherste Lösung für uns ein und akzeptierten den Deal.

Es fühlte sich äußerst merkwürdig und unangenehm an, als uns der Mann aufforderte, die gewünschte Summe nicht auf der offenen Straße, sondern hinter einem Gebüsch mit dem Rücken zur Straße aus unseren Geldbörsen zu nehmen. Wie es der Zufall wollte, konnten wir mit unserem zusammengelegten Bargeld ziemlich genau 1,5 Millionen Rupiah rauskratzen. Als Nächstes kritzelte der Polizist auf einen Zettel ein paar indonesische Wörter, darunter unter anderem seinen Namen, und ein in der Zukunft liegendes Datum. Er erklärte, dass wir bei einer erneuten Polizeikontrolle dieses Papier einfach herzeigen sollten und damit die nächsten 6 Wochen keine weitere Strafe mehr für das illegale Fahren zahlen müssten. Bei dieser Aussage war ich mir kurzzeitig nicht mehr sicher, ob sie das ernst meinten. Raffi war ebenso verwirrt wie ich. Mir wurde nun klar, dass das Ganze vermutlich eine täglich anfallende Korruption war und der Job eines balinesischen Polizisten insgeheim durch Aktionen wie diese vermutlich unfassbar gut bezahlt wird.

Wir akzeptierten unser Pech und fuhren weiter mit der Intention, die Situation schnellstmöglich zu vergessen und noch das Beste aus dem Tag rauszuholen. Bei unserem Glück änderte sich das Wetter jedoch innerhalb von fünf Minuten wie aus dem Nichts zu heftigem Schütten. Auf den Straßen war weit und breit kein Unterschlupf zu finden, bis wir auf ein Resort stießen, in dem wir uns nur unterstellen durften, wenn wir uns auch etwas zu essen bestellen würden. Es sah nicht so aus, als würde der Regen bald aufhören, deswegen fiel uns die Entscheidung entsprechend leicht. Unsere Stimmung wurde nach einem Blick auf die Preise der Speisen noch trüber als zuvor, aber der Hunger begann sich zu melden und setzte sich gegen unsere Sparsamkeit durch.

Als das Wetter sich beruhigte, fuhren wir weiter zu unserem Ziel, bei dem es sich um eine bekannte Höhle handelte. Beim Parkplatz kamen zwei ältere Frauen auf uns zu, die uns einreden wollten, dass

35

man nur mit einem um die Beine gewickelten Tuch die Höhle betreten dürfte. Da sie uns höchstwahrscheinlich als Touristen eingeschätzt hatten, versuchten sie uns natürlich gleich ihre Tücher zu verkaufen. Aufgrund unserer bereits gereizten Stimmung fiel es uns jedoch nicht schwer, die Verkäuferinnen direkt zu ignorieren. Wie erwartet, konnte man sich beim Höhleneingang gratis Tücher ausborgen, um die Höhle regelkonform betreten zu können.

Der Tag erinnerte mich zum einen daran, dass es im Leben nicht immer fair zugeht. Es gibt Tage, an denen das Glück auf unserer Seite steht und es gibt Tage, die uns herausfordern und stärker machen. Zum anderen wurde ich daran erinnert, dass das Leben kein Wunschkonzert ist und man sich oft in Situationen wiederfindet, die man lieber verdrängen würde. Gerade in Situationen wie diesen gilt es besonders, den Kopf nicht hängen zu lassen und das Beste aus der Situation zu machen. Wenn man schon nicht vom Glück begleitet wird, dann wenigstens von der Hoffnung, dass sich die Dinge irgendwann wieder zum Guten wenden werden. Oft ist es nur eine Frage der Einstellung, die entscheiden kann, ob ein Tag "gut" oder "schlecht" ist.

> *"Der Gedanke an das Ende des Lebens ist die beste Waffe, um die wichtigen Dinge im Leben zu erkennen."*

"Lebe jeden Tag als wäre er dein Letzter." - Ein Spruch, den wir alle kennen, verstehen und nachvollziehen können. Eine Philosophie, an die sich jeder halten sollte, aber niemand halten kann. Jeder Einzelne von uns muss gelegentlich etwas tun, an dem man wenig Gefallen findet. Wir alle sind gerne ab und an faul und es gelingt uns nicht 365-mal im Jahr, das volle Potenzial aus einem Tag zu schöpfen. Dieses Verhalten ist nicht nur legitim, sondern auch menschlich. Aber trotz all dem hat sich bestimmt jede Person schon einmal selbst gefragt, was wäre, wenn mit einem Schlag alles vorbei ist. Dabei muss es nicht einmal um das eigene Leben gehen. Dieser Gedanke kann sich auch auf andere Menschen, wie Verwandte, enge Freunde oder Kollegen, beziehen.

Ich weiß, schon klar. Wegen mir stellt ihr euch nun etwas vor, worüber man sich nicht gerne Gedanken macht. Mit dem Tod ist nicht zu spaßen und er könnte uns allen jederzeit in verschiedenster Form begegnen. Anstatt aber Angst zu haben, dass man jederzeit sterben könnte oder diese Überlegung gar erst stur ignoriert, könnte man sie auch als Waffe nutzen. Denkt darüber nach: Wann beginnt der Mensch im Normalfall am ehesten bewusst zu leben? Wenn er (direkt oder indirekt) mit dem Tod zu tun bekommt.

Sei es ein Autounfall, an dem man beteiligt und gerade noch lebend davongekommen ist, eine Erkrankung eines Angehörigen oder ein verstorbener Freund. Nach Schicksalsschlägen wie diesen wird uns ruckartig bewusst, was wirklich zählt. Alles, was man zuvor für selbstverständlich gehalten hatte, ist es abrupt nicht mehr. Nach Erlebnissen wie diesen wird uns plötzlich wieder klar, dass die Dinge, die wir für so wichtig hielten, eigentlich vollkommen unwichtig sind. Die Angst vor im Alltag anfallenden, unangenehmen Situationen wird plötzlich als lächerlich betrachtet und alles, was wir für selbstverständlich hielten, wird zu den bedeutendsten Dingen im Leben. An diesen Punkten im Leben beginnt man einiges neu zu hinterfragen und nach Antworten zu suchen.

„Führe ich ein erfülltes Leben?"

„Bin ich glücklich?"

„Welche Menschen sind mir wichtig?"

„Würde ich es bereuen etwas nie getan zu haben, wenn ich heute diese Welt für immer verlasse?"

Alles Fragen, bei deren Beantwortung man tief in sich gehen und ehrlich zu sich selbst sein muss. Wer dem nachgeht, gibt sich selbst die Chance, einen völlig neuen Lebensstil einschlagen zu können, Ängste zu überwinden und Taten zu vollbringen, für die man zuvor nie den nötigen Mut aufbringen konnte. Aber wieso abwarten, bis diese Chance auf einen zukommt? An jedem Tag sollte uns der Wert des Lebens, unsere Möglichkeiten sowie unser eigenes Potenzial bewusst sein. Lasst uns nicht warten, bis etwas Schlimmes passiert, um diese Gedanken hochkommen zu lassen. Lasst uns von Beginn an zwischen all dem, was uns als wichtig verkauft wird und den Dingen, die dem Leben wirklich einen Wert geben, unterscheiden.

Während meiner Reise habe ich die zuvor beschriebenen Momente der Erkenntnis immer wieder in kleinen Ausmaßen erlebt. Eine dieser Situationen ist mir dabei besonders in Erinnerung geblieben. "Es sterben mehr Menschen durch Kokosnüsse, die von Palmen herabfallen, als durch Haiangriffe." – eine wahre Behauptung, die uns alle gern einmal zum Schmunzeln bringt.

Eines Tages ging ich während einer Unterhaltung, in die ich mich vertieft hatte, zu meinem Moped, als eine Kokosnuss von oben herab vor meine Füße fiel. Mit rasendem Herz nahm ich sie in die Hände und spürte, wie verdammt schwer sie war. Daraufhin kreisten unzählige Hinterfragungen in meinem Kopf. Was wäre, wenn ich nur eine Spur schneller gegangen und die Kokosnuss direkt auf meinen Kopf geflogen wäre?

Ein Szenario, das mich für ein paar Sekunden sprachlos machte. Anschließend begann ich darüber nachzudenken, dass jede einzelne Entscheidung, die wir getroffen haben oder noch treffen werden, unser Leben von Grund auf verändern könnte. Damit ergibt sich zu verstehen, dass das Leben eines jeden einzelnen Menschen, der jemals auf dieser Welt gelebt hat, individuell und einzigartig verlief. Manche Lebensstile mögen sich stark ähneln, aber es gibt keine zwei Menschen, die in jeder Situation genau dieselben Entscheidungen treffen würden. An jenem Tag begann ich zu verstehen, dass man, anstatt den Tod zu fürchten, ihn als Waffe für das eigene Mindset verwenden sollte. Der Gedanke an die Existenz des Todes gibt dem Menschen die Möglichkeit das Bewusstsein gegenüber dem Wert des Lebens zu steigern und die Chance, mehr aus dem eigenen, einzigartigen Leben herauszuholen.

> *"Die Menschheit ist sich nicht im Klaren darüber, dass wir beim Umgang mit der Umwelt weit von der Art und Weise, wie wir sie behandeln sollten, entfernt sind."*

Die Umweltprobleme sind größer als je zuvor und das passende Bewusstsein der Menschen im Umgang mit diesen Problemen ist nicht weit verbreitet. Diese Erkenntnis musste ich unglücklicherweise während meiner Reise mehrmals bestätigt bekommen. Ich hatte viele atemberaubende Momente, die mir immer wieder zeigten, wie schön unberührte Natur sein kann.

Einer davon ereignete sich in Neuseeland, welches in meinen Augen für Naturliebhaber und Wanderbegeisterte eines der schönsten Länder der Welt ist. Vier Wochen lang reiste ich in diesem Inselstaat herum, der unter anderem für unberührte Landschaften bekannt ist. Hier schien der passende Umgang mit der Natur überall klar kommuniziert worden zu sein, denn in diesem knappen Monat besaß jeder Mensch, der mir begegnete, ein Umweltbewusstsein.

Während meiner Zeit in Südostasien fand ich mich hingegen tagtäglich in Momenten der Fassungslosigkeit wieder. Das zeigte mir, dass dort entweder einige Leute grundsätzlich wenig Respekt gegenüber der Natur aufbringen oder sich schlicht und einfach nicht den Auswirkungen bewusst sind. Einer dieser Momente widerfuhr mir in Hanoi, Vietnam. An diesem Ort entdeckten Raffi und ich einen Fluss, der an jenem Tag von uns den Namen "Der Fluss der toten Fische" bekam. Ein abscheulicher Anblick – im Sekundentakt entdeckten wir neue Fische, die mit dem Bauch oben an der Wasseroberfläche schwammen. Im Internet konnten wir darüber keine nachvollziehbaren Informationen finden, weswegen wir einen Einheimischen befragten. Wir hatten ihn erst am selben Nachmittag in einem Fast-Food Restaurant kennengelernt, als er uns beim Lesen der vietnamesischen Speisekarte behilflich war.

Er behauptete, dass der Staat vor einigen Jahren ein Abkommen mit China hatte, welches besagte, dass sie den See verschmutzen dürften, ohne dabei Probleme zu bekommen. Jahre später äußerte sich die Strategie Chinas. Der verschmutzte Fluss sollte dazu beitragen, dass die Immobilienpreise deutlich sinken. Der Plan lief laut ihm wie erwartet und einige wohlhabende Chinesen kauften den Großteil der Immobilien in der Gegend auf, um diese weiter zu vermieten. Ob diese Geschichte wahr ist oder nicht, ist mir bis heute unbekannt, aber wenn dem wirklich so sei, wäre ich empört darüber, zu welchen Taten Menschen fähig sein können, um an Geld und Macht zu gelangen…

Zugegeben, wir alle könnten aktiver einen Beitrag zum Umweltschutz leisten und gegen den Klimawandel ankämpfen – mich eingeschlossen. Es geht auch gar nicht zwingend darum, dass man jeden Tag einen Baum pflanzen sollte, sondern es würde schon unfassbar viel helfen, wenn man lediglich den Umgang mit der Erde im Alltag bewusster angeht und andere damit inspiriert, sich selbst ein Bewusstsein zu schaffen. Dieser Gedanke begleitete mich einige Zeit lang durch Indonesien, wo ich eines Tages nach einer Nachtwanderung von einem Einheimischen zurück zu meiner Unterkunft gefahren wurde. Bevor die Fahrt allerdings losging, kam es zu einem Problem.

Als ich mich gerade auf die Rückbank des Autos setzen wollte, schnappte sich der Fahrer noch ein paar mit Plastik gefüllte Säcke, die sich auf der Rückbank seines Autos im Laufe der Zeit gesammelt hatten und schmiss sie in das Gebüsch, neben dem das Auto geparkt hatte. Das ging definitiv zu weit und löste Rage in mir aus. Als er sich Richtung Fahrersitz drehte, nahm ich den Müll und legte ihn zurück in sein Auto. Der Mann bemerkte dies, setzte ein Lächeln im Gesicht auf und warf die Säcke wieder zurück ins Gebüsch. Anschließend nahm ich es erneut heraus, legte es wieder in das Auto und begann ihm eine Predigt zu halten. Ich erklärte ihm, dass Plastik recycelt gehört und begann ihm zu erklären, wieso Umweltverschmutzung eine ganz miese Tat ist.

Nachdem ich dem Mann zuerst das Ganze etwas zu kompliziert versuchte zu erklären, bemühte ich mich ihm mit möglichst einfachem Worten das Ganze zu verstehen zu geben. Infolgedessen machte er den Eindruck meine Botschaft verstanden zu haben, entschuldigte sich und meinte, er hätte es nun kapiert. Selbst zu diesem Zeitpunkt hatte ich das Gefühl, dass es ihm nach wie vor völlig bedeutungslos war und er vermutlich den Müll wieder irgendwohin werfen würde, sobald ich das Auto verließ. Eine sehr enttäuschende Begegnung, die eine Zeit lang an mir nagte.

Ein paar Wochen später entschied ich mich, anstatt mit Worten, die Leute mit einer guten Tat zu inspirieren. Es war mein letzter Tag – nicht nur auf Bali – nicht nur in Indonesien, sondern generell in Südostasien! Während Raffi sich nachmittags am Strand ein Surfboard ausborgte, nahm ich mir eine Stunde lang Zeit, um etwas zu tun, das ich schon lange einmal machen wollte: Plastik aus dem Meer und vom Strand sammeln und dieses recyceln. Ich schnappte mir einen kleinen Papiersack, den ich vor Ort fand und legte los. Tatsächlich war überall Müll zu sehen, völlig egal wo man hinsah!

Der nächste Mistkübel war etwa 100 Meter entfernt und als mir nach einer Weile das Sackerl riss, begann ich das Plastik einfach mit den Händen zu transportieren. Daraufhin musste ich demnach umso öfter auf und abgehen. Nach knapp 50 Minuten gelang es mir die komplette Mülltonne voll zu füllen, woraufhin ich mich stolz und mit gutem Gewissen auf mein Handtuch zurücklegte. Plötzlich kamen zwei junge asiatische Mädchen auf mich zu, die mich anscheinend die ganze Zeit beobachteten und fragten verwundert, was auf dieser Welt mich dazu bewegt hatte dies zu tun.

Mit einem Grinser im Gesicht erklärte ich, dass mir die Umwelt etwas bedeute und ich es nicht ertragen konnte, wieviel Müll auf diesen Strand lag. "Aber was du gemacht hast…also, keine Ahnung…das macht doch kein Mensch.", sagte eine von ihnen. Darauf antwortete ich, dass genau das unser Problem sei. "Wenn sich niemand dafür verantwortlich fühlt etwas zu unternehmen, dann muss jemand damit beginnen.", erwiderte ich. Ich machte die beiden auf all die Menschen, die sich in dem Moment am Strand befanden, aufmerksam und behauptete, dass wenn jeder von ihnen sich eine halbe Stunde die Zeit genommen hätte, um mir zu helfen, dann hätten wir vermutlich den Großteil des Strandes aufgeräumt und hunderte Mülltonnen gefüllt.

Als sich die jungen Mädchen versuchten meine Worte bildlich vorzustellen, sahen sie mich mit inspirierten Blicken an. Daraufhin behaupteten sie, in Zukunft selbst aufmerksamer auf herumliegenden

Müll zu achten. Auch, wenn diese Geschichte keinen großen Beitrag zum Kampf gegen den Klimawandel beigetragen hat, hoffe ich an jenem Tag zumindest zwei Menschen positiv beeinflusst zu haben. Das fühlte sich sehr erfüllend an.

"Man kann auch ohne WLAN eine gute Verbindung haben."

Während meiner Zeit auf den Fidschi-Inseln verbrachte ich 5 Tage ohne jeglichen Internetzugriff. Es schockiert mich sagen zu müssen, dass ich mich nicht mehr daran zurückerinnern kann, wann ich mich zuletzt in einer solchen Ausgangslage befunden hatte, und ich traue mich zu wetten, dass die meisten von euch sich auch nicht daran zurückerinnern können.

Natürlich ist es äußerst herausfordernd im heutigen Zeitalter der Digitalisierung für mehrere Tage kein Smartphone, Laptop oder sonstiges elektronisches Gerät, um sich zu haben. Selbst wenn man sich persönlich eine Auszeit davon schaffen möchte, ist es kaum zu umgehen, denn in der heutigen Zeit gehört das Internet nun einmal zu unserem Alltag dazu und so gut wie jeder Mensch, dem man auf der Straße begegnet, hat ein Handy bei sich. Umso mehr freut es mich zu sagen, dass ich mit den Fidschi-Inseln einen Ort fand, an dem es nicht nur möglich, sondern auch unumgänglich war, einen Internet-Detox anzutreten.

Nachdem ich eine Nacht auf der Hauptinsel verbrachte und mich erst am Abend meiner Ankunft damit beschäftigte, wie und auf welchen Inseln ich meine Zeit hier verbringen möchte, wurde ich gleich am nächsten Morgen von einem Boot abgeholt, um zur ersten Nachbarinsel zu gelangen. Ursprünglich erwartete ich ein "normales" Speed-Boot und eine Gruppe von Touristen im zweistelligen Bereich. Als ich jedoch an jenem Morgen am besagten Treffpunkt erschien, konnte ich mir einen Grinser nicht verkneifen.

Die Realität wich ziemlich von der Erwartung ab und ich entdeckte ein bescheidenes, kleines Anglerboot mit Motor und bekam die Information, dass ich für diese Fahrt der einzige Passagier sei. Der Fahrer und ich fuhren also zu zweit etwa eine Stunde lang am glattesten Wasser entlang, das ich je zu Gesicht bekam. Es wehte kein Wind und es war nicht eine einzige Welle in Sicht, als würde das Meer einen Ruhetag eingelegt haben.

Wir fuhren an dutzenden, kleinen, unbesiedelten Inseln vorbei, die einzig und allein aus purem, unberührtem Grün bestanden. Als wir auf eine bestimmte Insel gezielt zusteuerten und das türkisblaue Riff bereits aus der Ferne zu erkennen war, wurde mir klar, dass dies der Ort sei, an dem ich die nächsten 48 Stunden verbringen würde. Meine Unterkunft war eine sehr bescheidene und einfache Holzhütte, die sich nach kürzester Zeit auch als Zuhause von ein paar der Inselbewohner herausstellte. Ich wurde herzlicher empfangen, als an jedem anderen Ort zuvor und mir wurde gleich einmal die

Philosophie erklärt, die auf dieser Insel herrschte, die im Prinzip aus zwei Grundsätzen bestand:

"Fiji-time" = Mach dir keine Sorgen um Pünktlichkeit, sondern lebe zeitlos.

"Everyone, who takes a step on this island is treated as part of the family."

Während meiner Zeit auf dieser Insel wurde mir erst bewusst, wie schnell man unter den richtigen Bedingungen nicht nur Freundschaften schließen, sondern auch Verbindungen zu Menschen aufbauen und das Gefühl entwickeln kann, als würde man die Leute bereits seit Ewigkeiten kennen. Diese 48 Stunden haben mir gezeigt, was geschaffen werden kann, wenn man nicht darauf fokussiert ist, immer für jeden erreichbar und am neuesten Stand sein zu müssen.

Von der ersten Sekunde an durfte ich mich daran erinnern, wie schön es ist, aufmerksam und mit vollem Bewusstsein den Moment zu leben. Ich konnte bedeutungsvolle Gespräche führen, ohne 1000 andere Gedanken im Kopf festgenagelt zu haben, die mich an Vergangenes und Bevorstehendes erinnern. Ich konnte Persönlichkeiten anhand dessen kennenlernen, wer sie wirklich waren und sie konnten mich so authentisch kennenlernen, wie selten jemand zuvor. Auf dieser Insel scherte sich keine Menschenseele darum, sich besser dazustellen, um andere zu beeindrucken oder sich möglichst im besten Licht zu zeigen, wie es so ziemlich jeder Mensch bei uns andernfalls tun würde.

Ehrlichkeit, Authentizität und Respekt waren die Werte, die auf dieser Insel am allerbesten vertreten wurden und dadurch bekam ich die Möglichkeit (wenn auch nur für eine kurze Zeit) Teil einer Gesellschaft zu sein, in der man man selbst sein kann, ohne sich dabei Gedanken machen zu müssen, wie man infolgedessen behandelt wird. Denn Fakt ist, egal wie man aussah, wo man herkam oder welche Persönlichkeit man hatte, jeder wurde gleichbehandelt. Auf dieser Insel mag es keinen Internetzugang gegeben haben (worüber ich übrigens wahnsinnig froh war), aber ich habe mich so verbunden gefühlt wie an keinem anderen Ort auf der Welt zuvor.

> *"Allein zu sein ist nicht das gleiche wie einsam zu sein."*

Diese Erkenntnis gewann ich erst so richtig in Neuseeland, als ich erstmals zwei Tage lang auf mich allein gestellt war, niemanden zum Reden hatte und intensiv Zeit für mich hatte. Ich war zu diesem Zeitpunkt zwar bereits seit einigen Wochen größtenteils allein unterwegs gewesen, aber es gab an jedem Ort neue Leute, denen ich begegnete und die ich neu kennenlernte. Sei es in Hostels, im Flugzeug, bei einer Aktivität oder auf einer Insel, ich war nie länger als ein paar Stunden ohne Gesprächspartner. Dies sollte sich an jenem

Tag ändern, an dem ich meinen gemieteten Campervan in Christchurch abholte. Es war ein großer Tag für mich und die Vorfreude war so präsent, dass ich, anstatt mir ein Uber zu rufen, die knapp vier Kilometer zum Autoverleih zu Fuß ging. Angekommen dauerte es nicht lange bis ich im Auto saß und die Freiheit förmlich in der Hand hielt. Zugegeben, der Van war verhältnismäßig bescheiden ausgestattet, aber damit musste ich rechnen, als ich mir das billigste Angebot ausgehandelt hatte, das überhaupt möglich war.

Nachdem ich vollgetankt und Lebensmittel einkaufte hatte, ging es gleich los. Ich machte mich am Weg zum etwa drei Fahrstunden entfernten "Lake Tekapo". Es war mir weder möglich mein Handy mit den Lautsprechern des Autos zu verbinden, noch hatte ich einen Radioempfang, wodurch die atemberaubende Landschaft zu meiner einzigen Unterhaltung wurde. Ich begann zu erkennen, dass mein Kopf so frei war, wie lange nicht mehr und begann über Dinge nachzudenken, die mir schon ewig nicht mehr durch den Kopf gegangen sind. Außerdem blieb ich immer wieder kurz stehen, um die schönen Landschaften, die mich jedes Mal aufs Neue umwarfen, in Ruhe zu betrachten. Aufmerksames Fahren war trotz kaum vorhandenem Verkehr dennoch angesagt, da mich auf der Straße immer wieder Tiere wie Hirsche, Waschbären oder Greifvögel überraschten.

Als ich an meinem Ziel ankam, fuhr ich auf gut Glück durch eine mit Kiesel gefüllte Straße, danach durch einen schmalen Landweg entlang des Waldes. Kurz vor dem Ende des Weges fuhr ich einer Linkskurve nach, die zu einem ruhigen Platz am Ende des Waldes führte. Dort stellte ich den Van ab und ging noch 200 Meter weiter zu Fuß Richtung See, bis ich bei einem kreisförmigen Platz in einem Feld die ideale Stelle entdeckte, um mich hinzusetzen und zu meditieren. Ja, während des Reisens hatte ich die Meditation für mich entdeckt und ich muss offen zugeben, dass ich sie mittlerweile als ideale Möglichkeit sehe, um für ein paar Minuten tagsüber abschalten zu können. Dazu kommt, dass ich die perfekten Konditionen dafür an diesem Ort auffand. Stellt euch bitte Folgendes bildlich vor:

Kilometerweit befand sich keine Menschenseele, im Süden und Westen waren Berge zu sehen, die zum Teil noch mit Schnee bedeckt waren, im Norden befand sich der Wald, aus dem ich kam und im Osten befand sich ein Dorf, das aus der Weite sichtbar war. Zu hören waren einzig und allein das Rauschen des Seewassers, der mir durch die Haare wehende Wind und einige Grillen, die offenbar im Feld verstreut waren. Zu sehen war die wie zuvor beschriebene unglaublich schöne und unberührte Landschaft und in unmittelbarer Ferne sah ich sogar einige Feldhasen fröhlich rumhoppeln.

Ja, es war einer DIESER Momente im Leben. Die Zeit stand still und Freiheit sowie Friedlichkeit befanden sich an ihrem absoluten Höhepunkt. Einfach nur WOW!

Ich blieb, bis die Sonne begann unterzugehen und fuhr wieder zurück ins Dorf. Da erkannte ich auf meiner zuvor am Handy heruntergeladenen Offline-Karte, dass dies der letzte Ort bis zu meinem geplanten "Freedom"-Campingplatz ist und es dort weder öffentliche Kochstellen noch Duschen oder WCs gäbe. Daher kaufte ich mir noch hier mein Abendessen und fuhr weiter zum sogenannten "Lake Pukaki". Es war bereits dunkel geworden, als ich ankam und nach einem guten Platz zum Übernachten suchte. Ich fand einen Platz im Wald direkt am See, wo sich niemand anderer in unmittelbarer Nähe befand. Zugegeben, es war ein komisches Gefühl ganz allein im Wald, noch dazu in einem Van ohne Vorhänge zu übernachten, ohne jemanden zum Reden oder Zugang zum Internet zu haben. Es gelang mir allerdings, mich auf die Ruhe der Natur zu konzentrieren und meine Zeit allein in vollen Zügen zu genießen.

Am nächsten Morgen wachte ich gemütlich um halb 8 auf, baute den Van wieder fahrtüchtig um, aß mein Frühstück und genoss noch einmal den genialen Ort, den ich nun auch im Hellen erforschen durfte. Dann ging der 1-Mann-Roadtrip weiter. Der erste Halt war bei einem nahegelegenen Aussichtspunkt und danach fuhr ich in das nächste Dorf, wo ich eine öffentliche Dusche fand und bei einem Trinkwasserbrunnen meine Fünfliterflasche mit frischem Bergquellwasser auffüllte. Der nächste Stopp war zur Abwechslung einmal wieder ein See – der "Lake Ruataniwha", an dem ich entlangfuhr, bis ich einen ruhigen Schattenplatz ohne Menschen weit und breit entdeckte. Dort machte ich erst Sport, um mich fit zu halten und holte mir anschließend eine Erfrischung im eiskalten See. Als ich mich Kopf über Fuß in diesem Wasser befand, wurde mir wegen der niedrigen Temperatur richtig der Atem erschwert...ein Wahnsinn!

Am darauffolgenden Abend holte ich eine Bekannte aus Österreich namens Fiona vom Flughafen in Queenstown ab. Ich hatte sie noch ein paar Wochen zuvor davon überzeugt nach Neuseeland zu kommen, um mit mir gemeinsam für etwas über zwei Wochen in einem Campervan quer durch die Südinsel zu fahren. Wieso? Ganz einfach. Allein hätte ich mir diesen Van nicht leisten können und zusätzlich bildete ich mir ein, dass es schlauer wäre mit einer bekannten Person zwei Wochen lang auf engstem Raum zu verbringen als mit einer fremden. Da Raffi bereits eine organisierte Busreise quer durchs Land gebucht hatte, musste ich also nach Alternativen suchen. So wie es der Zufall wollte, passte die Idee perfekt in Fionas Pläne, weswegen die Idee rasch umgesetzt wurde.

Nach kürzester Zeit erkannte ich allerdings, dass unsere Vorstellungen und Arten des Reisens erkennbar kontrovers waren und die gemeinsame Zeit sich bald einmal als herausfordernde Ausgangslage für uns beide entpuppte. Unsere Erwartungen an diesen gemeinsamen Roadtrip hätten verschiedener nicht sein können und ich stellte mir bald einmal die Frage, ob ich nicht vielleicht doch im Internet nach einem erfahrenen Backpacker hätte suchen sollen.

Dafür war es allerdings zum Zeitpunkt, als ich sie abholte, bereits zu spät.

Aufgrund meiner bisherigen Erfahrungen mit Backpackern, die mehrere Tage mit mir gemeinsam verbrachten, dachte ich, das Herumreisen würde mit jedem gut funktionieren. Für die restliche Reise war dies auch der Fall, aber diesmal gab es ein Detail, welches ich nicht bedacht hatte: Fiona war keine Backpackerin. Ich reiste in diesen Wochen mit einem Mädchen herum, das frisch aus einer anderen Welt kam. Einer "first world" voller Luxusprobleme. Ich hatte mich bereits vier Monate lang durch Südostasien bewegt, verbrachte anschließend drei Wochen lang mit zwei Kerlen in einem Campervan, mit dem wir die australische Ostküste entlangfuhren, hoppte von Insel zu Insel in Dritte-Welt-Ländern herum und hatte es nun mit einer jungen Dame zu tun, deren bisher niedrigster Übernachtungsstandard ein 3-Sterne-Hotel war. Dieses Zusammenleben machte von Beginn an den Eindruck, als wäre es zum Scheitern verurteilt. Trotz dieser ungünstigen Ausgangslage blieb mir nichts anderes übrig, als das Beste aus der Situation zu machen. Mit dieser Einstellung wachte ich jeden Morgen auf und ging jede Nacht zu Bett.

Als die zwei Wochen schlussendlich vorbei waren, war ich überzeugt davon, einmal wieder einiges gelernt zu haben. Zum einen gewann ich die Erkenntnis, dass man definitiv von jeder Person auf dieser Welt etwas lernen kann, vorausgesetzt man nimmt sich selbst dafür nicht die Möglichkeit. Mir wurde der gewaltige Unterschied zwischen dem Soloreisen und Reisen in der Gruppe sowie deren Vor- und Nachteile nochmal verdeutlicht. Außerdem erkannte ich, dass es ein wichtiger Grundsatz ist, sich manchmal Zeit für sich selbst zu nehmen, auch, wenn man nicht allein unterwegs ist. Zu guter Letzt lernte ich, dass im Leben alles so kommt, wie es kommen soll und uns jede Erfahrung auf die Zukunft vorbereitet, um etwas beim nächsten Mal besser machen zu können.

Diese letzte Erkenntnis bringt uns gleich weiter zum nächsten großen Kapitel ...

Kapitel 2 – Destiny

Gibt es so etwas wie ein Schicksal?

Vor einiger Zeit fragte ich 100 Personen, ob sie an das Schicksal glauben. 86 von diesen 100 waren davon überzeugt, dass gewisse Ereignisse im Leben vorbestimmt sind. Auch in der Mythologie sagt man, dass alles passiert, weil es von einer höheren Macht so bestimmt wurde. Ob man an diese Theorie glauben sollte oder nicht, bleibt natürlich jedem selbst überlassen. Fakt jedoch ist, dass jeder Mensch in seinem Leben diese Momente erlebt, in denen man im Nachhinein froh ist, dass gewisse Ereignisse so erfolgt sind, wie sie schlussendlich geschehen sind. Vermutlich werden wir es niemals erfahren, ob es tatsächlich eine höhere Macht gibt, die unser Schicksal bestimmt oder ob das Leben doch schlicht und einfach aus puren Zufällen besteht. Dafür bleibt jedem von uns die Wahl, für welchen Glauben man sich entscheidet. Ich für meinen Teil finde grundsätzlich den Gedanken schön, dass alles aus einem bestimmten Grund passiert. Ich habe Vertrauen in das Schicksal und denke, dass jedes Ereignis, jede positive oder negative Erfahrung und jede Begegnung im Leben einem gewissen Zweck dienen.

Mir gefällt der Gedanke, dass uns negative Erfahrungen weiser und stärker machen und uns für zukünftige Ereignisse vorbereiten, deutlich mehr als nach schlechten Erfahrungen den Kopf hängen zu lassen und sich dabei die Frage "Wieso immer ich?" zu stellen. Genauso wie im normalen Leben hatte ich auch auf Reisen gewisse Erlebnisse, bei denen mir der Glaube an das Schicksal Hoffnung und Zuversicht gab. Unabhängig von positiv oder negativ gefiel mir auch bei diesen Ereignissen der Gedanke, dass die Dinge so ihren Lauf nahmen, wie es sein musste.

"Jede Entscheidung hat eine Auswirkung auf die Zukunft."

Es gibt Momente im Leben, in denen man seine bereits getroffenen Entscheidungen hinterfragt und beginnt, sich die Frage zu stellen, ob man diese bereuen sollte. Wer dabei der Wahrheit ins Gesicht blickt, muss aber feststellen, dass diese auftauchenden "Was wäre, wenn…?" -Gedanken im Endeffekt zu nichts als Unsicherheit und Verwirrung führen. Oft weiß man sich dabei nicht selbst weiter zu helfen und kommt aus dem Grübeln gar nicht mehr heraus.

Während meiner Zeit auf den Fidschi-Inseln befand ich mich in einer solchen Situation. Um Geld zu sparen, hatte ich bereits vor der Ankunft meinen Weiterflug gebucht und war somit zeitlich eingeschränkt. Um möglichst spontan und flexibel zu bleiben, folgte ich dem Rat einer Reisebloggerin und entschied mich dafür, erst vor Ort einen Plan zu erstellen, der aus meinen sieben Tagen in diesem

Land (die übrigens im Nachhinein gesehen viel zu kurz waren!) das Beste rausholen sollte. Direkt, nachdem mich ein Shuttlebus gegen 20:00 Uhr vom Flughafen zu meiner Unterkunft gebracht hatte, wollte ich mir gemeinsam mit dem "Booking desk" einen Plan erstellen, um bereits am nächsten Morgen zur ersten kleinen Insel fahren zu können. Zu meinem Pech hatte dieser allerdings schon geschlossen, wobei mir die Rezeptionistin den Vorschlag machte, es am nächsten Morgen nochmal zu versuchen. Um mich zu beruhigen, erklärte sie mir, dass es sich mit etwas Glück noch ausgehen könnte, noch am selben Tag loszuziehen.

Hoffnungsvoll nahm ich meine Zimmerschlüssel an, legte meinen Rucksack auf mein zugeordnetes Bett im 34-Personen-Schlafsaal und ging in das zum Hostel dazugehörige Restaurant. Mein Magen knurrte wie verrückt, aber nach einem kurzen Blick auf die Speisekarte schien mir das Essen überteuert. Nach kurzer Recherche auf Google Maps fand ich gleich in der Nähe ein anderes Hostel, das Backpacker-freundlichere Angebote hatte. Als ich mir eine Pizza Margherita (das billigste Gericht auf der Karte) bestellte, entdeckte die Booking-desk Dame aus der fremden Unterkunft den Inselflyer, den ich mir von meinem Hostel mitgenommen hatte und schlug mir vor, sie könne mit mir noch hier und jetzt einen Reiseplan erstellen.

"Wieso nicht!", dachte ich mir und ging erleichtert auf ihren Vorschlag ein. Sie zeigte mir Bilder von den verschiedensten Inseln, erzählte von der Auswahl der Aktivitäten und den verschiedenen

Übernachtungsmöglichkeiten. "As cheap as possible.", war meine Anforderung an den Reiseplan. Zugegeben, ich habe ein bisschen den armen, unschuldigen jungen Backpacker gespielt, um ein möglichst lukratives Angebot von ihr zu bekommen. Dank meiner Zeit in Südostasien gelang es mir von ihrem ersten Angebot aus noch um 191 Fidschi-Dollar (ca. 80€) herunterzuhandeln.

Als der Preis geklärt war, blieb mir nur noch die Entscheidung zwischen zwei Inseln, die dieselben Preise und Aktivitäten angeboten hatten. Ohne großartig darüber nachzudenken, entschied ich mich auf gut Glück für die, deren Namen mir besser gefiel und vollendete die Buchung. Nun war der Plan fixiert und ich konnte nach einem langen Reisetag wohlgenährt zu Bett gehen und am nächsten Morgen zu der Nachbarinsel fahren, deren Name mir besser gefiel.

Wie bereits im ersten Kapitel erwähnt, hatte ich auf der bereits genannten ersten kleinen Insel meines Fidschi Abenteuers eine unfassbare Zeit mit einer kleinen Gruppe von herzensguten Menschen. Es fühlte sich fast so an, als würde die Zeit stillstehen und ich diese Menschen bereits seit Ewigkeiten kennen. Umso bitterer war es nach meinen 2 Nächten auf dieser Insel zu dieser Gruppe und den liebeswerten, gutmütigen Einwohnern "Lebewohl" zu sagen und Abschied nehmen zu müssen. Beim Frühstück machten wir alle noch Witze darüber, dass jeder von uns die nächste Insel einfach auslassen und für ein oder zwei weitere Nächte bleiben sollte. Auch wenn alle in einem sarkastischen Ton darüber sprachen, war es deutlich zu erkennen, dass jeder auf die eine Person wartete, die den Mut hatte, zu sagen, dass wir tatsächlich alle bleiben sollten. Dieser Wunsch war jedem Einzelnen ins Gesicht geschrieben, wodurch es umso trauriger war, als keiner etwas sagte und wir alle uns verabschiedeten. Niemand wollte gehen, wir alle hatten aber in unseren Köpfen die Einstellung festgenagelt, dass man immer das tun sollte, was am meisten Sinn macht.

Ja, aus heutiger Sicht werte ich diese Denkweise als falsch, wodurch mir immer wieder der Gedanke hochkommt, wie die Dinge gelaufen wären, wenn ich bloß den Mut gehabt hätte den Mund aufzumachen und die Worte auszusprechen, die sich jeder innerlich gewünscht hätte zu hören. Bei der Bootsfahrt zur zweiten kleinen Insel dachte ich darüber nach, wie viele Entscheidungen eigentlich hinter dem Ergebnis standen, dass ich genau zu diesem Zeitpunkt auf dieser Insel mit diesen Leuten meine Zeit verbracht habe.

Hätte ich mir zum Beispiel ein anderes Datum für den Flug nach Fidschi ausgesucht, wäre diese Situation niemals zustande gekommen. Hätte ich eine andere Unterkunft gebucht, bereits am Flughafen oder in meiner Unterkunft zu Abend gegessen, hätte ich niemals mein Inselhopping in dem fremden Hostel gebucht und somit wäre die Situation vermutlich auch niemals resultiert. Hätte ich andere Anforderungen an mein Inselhopping gestellt oder mir einfach die andere Insel ausgesucht, als ich die Wahl zwischen zwei ähnlichen Inseln hatte, wäre es zu dieser Situation ebenfalls niemals gekommen.

Hätte ich nicht in einem Blogeintrag darüber gelesen, dass man sich gemütlich vor Ort ein Insel-Hopping zusammenstellen kann, hätte ich eventuell irgendeine vorgeplante Route online gebucht, woraufhin...well, you get the point.

Während dieser Bootsfahrt wurde mir bewusst, durch wie viele verschiedene Faktoren und Zufälle eine Situation überhaupt zustande kommt und, dass jede Entscheidung im Leben sich auf, unabhängig, ob in naher oder ferner Zukunft befindende Situationen, auswirkt. Ich nenne das die verblüffende Faszination des Schicksals.

"Das Schicksal geht Wege, da kommt die Absicht nie hin."

Manchmal gibt es im Leben aufeinandertreffende Zufälle, die nicht ungelegener hätten kommen können und dann gibt es Ausgangssituationen, für die es keinen idealeren Zeitpunkt gegeben hätte. Letzteres durfte ich im März 2020 erleben, als sich meine Reise um die Welt der Zielgerade näherte. Der "Covid-19 Virus", besser bekannt als "Coronavirus" hatte sich seit Dezember 2019 auf der Welt weiterverbreitet und war jedermann bekannt. Vor allem in Europa verbreitete sich die Angst an einer Erkrankung rasant, womit gleichzeitig erste Reisebeschränkungen und Maßnahmen der einzelnen Staaten angekündigt wurden.

Wie bereits zu Beginn des Buches erwähnt, bangte ich kurzzeitig sogar darum, überhaupt wieder nach Hause reisen zu dürfen. Im Endeffekt gelang es mir durch das Glück, dass die USA mit der Einreise in das Vereinigte Königreich eine Ausnahme machte, ohne weitere Komplikationen nach Hause zu gelangen. Wenige Tage nach meiner Ankunft verschlimmerte sich die Situation umso mehr, sodass selbst von der österreichischen Regierung Reisebeschränkungen in Kraft getreten sind. Wer hätte gedacht, dass diese Beschränkung für die darauffolgenden Monate bestehen bleiben würden und das Reisen, wie man es zuvor noch als absolute Selbstverständlichkeit sah, zeitgleich mit meiner Rückkehr in die Heimat, plötzlich nicht mehr möglich war.

Hörte man auf die Vorhersagen der Experten in der Tourismusbranche, dann würde eine Weltreise wie ich sie noch erleben konnte, erst nachdem ein Impfstoff gefunden wurde, und selbst dann beschränkt, wieder möglich sein. Ein schockierender Gedanke, der mich jedes Mal daran erinnert, wie perfekt die Zeitpunkte, zu denen ich meine Reise startete und endete, ausgewählt waren. Ich möchte gar nicht erst daran denken, wie scheußlich es gewesen wäre, wenn ich die Reise, auf die ich sieben Jahre lang hingearbeitet, für die ich mein Studium um ein Jahr verschoben und auf die ich mich so lange vorgefreut habe, plötzlich aufgrund einer weltweiten Pandemie nach wenigen Wochen

abbrechen hätte müssen, oder gar nicht einmal antreten hätte
können.

Vermutlich hätte ich mich für eine Ewigkeit darüber geärgert und
mir gedacht, dass mich das Leben einmal wieder auf die Probe stellen
wolle. Vermutlich hätte ich komplett andere Erfahrungen (vermutlich
welche, die weniger spektakulär wären) gemacht. Vermutlich wäre
ich heute ein anderer Mensch mit einer anderen Denkweise und
vermutlich würde mein Leben heute auch anders aussehen. Aber das
war zu meinem Glück nicht der Fall. Die Reise bekam keinen Strich
durch die Rechnung und ich reiste zum "idealsten" Zeitpunkt zurück
nach Hause. Es kreuzten sich Zufälle, die über meine Absichten
hinaus gingen und darüber könnte ich kein bisschen dankbarer sein,
als ich es bereits bin.

> *"Auch, wenn es uns in der Gegenwart schwer fällt zu glauben, hat
> das Schicksal oftmals in Hinblick auf die Zukunft etwas Besseres
> mit uns vor."*

Ich befand mich am Flughafen auf der hawaiianischen Insel "Maui" und
hatte gerade den kürzesten Flug meines bisherigen Lebens hinter mir.
Ich kam aus der Hauptstadt Honolulu und befand mich zuvor
während des Fluges gerade einmal 20 Minuten in der Luft. Es war
19:00 Uhr und als ich mir über das kostenlose WLAN am Flughafen
ein Uber bestellte, das mich zu meinem Hostel bringen sollte, ahnte

ich ganz und gar nicht, was mich erwarten würde. Abgeholt wurde ich von einem geschätzt 50-jährigen Guatemalteken, der ein Trikot des spanischen Fußballvereins "Real Madrid" trug.

Zuerst handelte es sich bei der Fahrt um eine klassische Unterhaltung mit einem lokalen Uber-Fahrer. Er fragte mich nach meiner Reise, wie lange ich vorhatte auf der Insel zu bleiben und anschließend erzählte er mir grob vom allgemeinen Leben auf dieser Insel. Das Gespräch vertiefte sich, als sich unsere Interessen bemerkbar kreuzten und wir begannen uns über Fußball zu unterhalten. Das eine führte zum anderen und es kam dazu, dass er damit begann mir von seinen Kindern zu erzählen, die gemeinsam mit seiner Ex-Frau in Kalifornien lebten. Man musste demnach kein großer Menschenkenner sein, um dem Fahrer anzusehen, dass er ein recht einsames Leben führte. Etwa fünf Minuten vor meiner Ankunft erzählte ich, dass ich während meiner Zeit auf der Insel unter anderem vorhatte, mich bei einer "Whale-watching-tour" anzumelden.

Daraufhin erzählte mir der Mann, dass er zufälligerweise am nächsten Tag sogar geplant hatte, an einer solchen Tour teilzunehmen und er durch einen Freund dafür vergünstigte Tickets bekomme. Im Anschluss machte er mir den Vorschlag, dass ich mich ihm anschließen könne, wenn ich darauf Lust hätte. Außerdem bat er mir an, diesen Ausflug als Freunde zu machen und er mich ohne Gegenleistung von meinem Hostel abholen würde. Ich nahm sein

Angebot dankend zur Kenntnis, wir tauschten gegenseitig Kontaktdaten aus und ich sagte ihm, ich werde bis zum nächsten Morgen Bescheid geben. Zu diesem Zeitpunkt war ich mir allerdings schon sehr sicher, dass ich nicht auf sein Angebot eingehen werde, da mir die Situation, mit meinem Uber-Fahrer in Hawaii gemeinsam Wale zu beobachten, doch etwas zu merkwürdig wirkte.

Im Hostel angekommen sah ich mich nach meinen möglichen Unternehmungen für den kommenden Tag um. Es dauerte nicht lange, um zu realisieren, dass man ohne Auto, Uber oder gebuchte Tour nirgendwo hinkommt. Als ich beim Rezeptionisten nach Touren nachfragte, drückte er mir die Anmeldeliste einer kostenlosen Schnorchel-Tour, die für den kommenden Tag anstand, in die Hand. Es waren noch nicht viele Namen auf dieser Liste zu lesen und nachdem ich in den Wochen zuvor bereits häufig schnorcheln gewesen war, verging mir auch ein wenig die Lust darauf. Deshalb meldete ich mich vorerst noch nicht an und entschied mich dafür, meine Möglichkeiten am nächsten Morgen auf mich zukommen zu lassen. Abends lernte ich im Outdoor-Bereich des Hostels einige neue Leute kennen, unter anderem ein paar Deutsche, mit denen ich mich auf Anhieb gut verstand.

Am nächsten Morgen erfuhr ich von meinen neuen Freunden, dass sie sich alle für die Schnorchel-Tour angemeldet hatten, was mich schnell dazu brachte, mich ihrem Vorhaben anzuschließen. Leider hat mich diese spontane Aktion einmal wieder darüber belehrt, dass der spontane Lebensstil auch gewisse Risiken mit sich bringt. In diesem Fall war die Liste nämlich schon voll und die Einstellung des Tourguides war an jenem Morgen zu ernst, um ein Auge für mich zuzudrücken. Zugegeben, ich war an diesem Morgen enttäuscht, als ich mich von meiner Gruppe verabschieden musste und der Einzige von ihnen war, der in der Unterkunft blieb. Es kam bereits die Befürchtung in mir auf, dass dieser Tag langweilig für mich werden könnte und mir keine mögliche Beschäftigung einfallen würde, bis mir der Gedanke an den Uber-Fahrer vom Vortag wieder ins Gedächtnis kam. Ich rief ihn an, fragte, ob sein Angebot noch stünde und bekam ein Lächeln ins Gesicht gezaubert, als er meine Frage positiv überrascht bejahte. Es kam also tatsächlich zustande…ich fuhr mit meinem Uber-Fahrer zum Hafen, um mit ihm gemeinsam Wale zu beobachten. Zu diesem Zeitpunkt war er jedoch nicht mehr mein Uber-Fahrer, sondern mein Freund namens Alexis.

Begeistert stand er zum ausgemachten Zeitpunkt mit seinem Auto vor meinem Hostel und begrüßte mich mit einem jugendlichen Faust-Check. Noch vor Beginn der Tour wurde mir klar, dass es die richtige Entscheidung war, ihm eine Chance zu geben. Wir führten gute Gespräche, er erzählte mir noch mehr von seinen Kindern und bot mir sogar an, mich auf einen Kaffee einzuladen, was ich allerdings bescheiden ablehnte. Bei der Bootsfahrt hatten wir richtig viel Vergnügen und selbst eines der Crewmitglieder war von dieser Tour sprachlos überrascht und behauptete, dass dies die aufregendste und außergewöhnlichste Whale-watching-Tour seiner bisher achtjährigen Erfahrung war! Unter anderem konnten wir einen Kampf zwischen sieben männlichen Walen beobachten, die sich um ein begehrenswertes Weibchen duellierten und dabei keine zehn Meter von uns entfernt waren. Dazu kommt, dass zufälligerweise ein "Research scientists"-Team auf einem kleinen, separaten Boot in unmittelbarer Nähe von uns war und uns über den Radiofunk mit allen Informationen zu den Wasseraktivitäten versorgte.

Als wäre das nicht schon genug, wurde der Ausflug noch dramatischer, als wir ein verwirrtes Kalb ohne jegliche Spur der Mutter entdeckten. In anderen Worten: Eine bessere Tour zu einem günstigeren Preis hätte ich niemals bekommen können, wenn ich mich nicht getraut hätte etwas auszuprobieren, das im ersten Moment zu schräg für mich wirkte. Die Moral dieser Geschichte ist, dass auch, wenn das eigene Vorhaben manchmal nicht so funktioniert, wie man es sich gewünscht hätte, sollte man sich einfach immer den Satz "Das Schicksal hat etwas Besseres mit mir vor." im Kopf behalten.

Diese Art und Weise auf das Schicksal zu vertrauen nimmt überraschend viele Unsicherheiten und negative Gedanken der Enttäuschung aus meinem Geist und hilft mir enorm dabei, mich aufzurappeln und nach vorne zu sehen, wenn mal die Dinge nicht so funktionieren, wie ich es mir vorgestellt hätte. Wenn sich die eine

Türe schließt, öffnet sich oft eine andere, die möglicherweise sogar einen noch besseren Weg für einen offen hält als die ursprüngliche.

Deswegen: Positiv bleiben, auf den Weg, den das Schicksal vorgesehen hat, vertrauen und die Augen nach vorne richten.

> *"Eines haben wir alle gleich: Wir sind alle anders."*

Wann sollte man dem Schicksal vertrauen und wann sollte man es selbst in die Hand nehmen?

Diese Frage stellte ich mir einmal wieder, als ich mir gemeinsam mit einer Italienerin namens Gloria, zu der ich über eine Facebookgruppe für Backpacker in Neuseeland Kontakt aufgenommen hatte, ein Auto in Neuseeland gemietet hatte. Der Plan bestand darin innerhalb von fünf Tagen von der Hauptstadt Auckland, die sich auf der Nordinsel des Landes befindet, bis nach Christchurch zu fahren – ein vergleichsmäßig großer, bekannter Ort auf der Südinsel. Dieser Roadtrip streckte sich über 1000 Kilometer, wodurch wir von Anfang an in Kauf nahmen, dass wir eventuell unter Zeitstress geraten könnten. Dieser hielt uns aber nicht davon ab unseren Plan durchzuziehen.

Meine Lockerheit und Spontanität und Glorias feste Vorstellungen mit strengen Zeitplänen glichen sich mit Kompromissen perfekt aus, womit wir einerseits unsere begrenzte Zeit nutzten und uns andererseits dennoch genug Zeit nehmen konnten, um den Roadtrip zu genießen. Einmal wieder zeigte sich, dass das spontane Reisen mir mit Vergnügen ein Bein stellen wollte. Als wir zwei Nächte vor der geplanten Rückgabe des Autos in Christchurch ein Fährenticket online buchen wollten, mussten wir leider feststellen, dass für den gesamten Tag keine einzigen Tickets für Personen mit Auto mehr verfügbar waren.

Dieses Hindernis brachte uns dazu, die Pläne umzukrempeln und nach der bestmöglichen Lösung zu suchen. Schlussendlich entschieden wir uns dafür, in der südlichsten Stadt der Nordinsel das Mietauto verfrüht abzugeben, die Fähre als normale Passagiere zu betreten und abzuwarten, was die Zukunft bringt. "Irgendwie werden wir es schon nach Christchurch schaffen.", waren meine selbstsicheren Worte zu diesem Zeitpunkt.

Nach dem schaukelnden Transfer zwischen Nord- und Südinsel machten wir uns sofort auf die Suche nach Möglichkeiten, um 337 Kilometer weiter südlich nach Christchurch zu gelangen. Dabei mussten wir schnell feststellen, dass für jenen Tag bereits alle Züge und Busse ausgebucht waren. Uns wurde empfohlen eine Nacht in der Stadt zu bleiben und für den nächsten Morgen einen Bus zu reservieren. Gloria machte den Eindruck stark für diesen Vorschlag zu sein, in mir hingegen stieg die Abenteuerlust und ich wollte etwas Verrückteres ausprobieren. In einem nahegelegenen

Informationscenter fragte ich nach einem Karton und Textmarkern. Die Angestellte erriet sofort mein Vorhaben und unterstützte mich beim Designen eines Schildes. "CHRISTCHURCH – got good music – ready to share gas", schrieben wir auf den Pappkarton.

Anschließend ging ich mit Gloria die Straße entlang, bis wir eine gute Stelle zum Anhalten entdeckten und hielten die Daumen hoch. Mein Plan war es, bis nach Christchurch per Anhalter zu fahren und nachdem das nicht das erste Mal während dieser Reise war, dass ich das sogenannte Hitchhiken ausprobierte, hatte ich ein optimistisches Gefühl bei dieser Angelegenheit.

In der ersten Stunde blieben vereinzelt Leute stehen und meinten, dass sie uns sofort mitnehmen würden, wenn sie nicht eine andere Zieldestination oder zu wenig Platz für zwei weitere Passagiere hätten. Den meisten anderen Autofahrern zauberten wir mit dem selbstgemachten Schild ein Lächeln ins Gesicht, was dazu führte, dass ich richtig viel Spaß bei dieser Aktion hatte und Glücksgefühle empfand.

Nach knappen zwei Stunden hoffnungsvollem Warten, wurde mir keine Sekunde langweilig und mein Enthusiasmus war genauso groß wie zu Beginn. Kurze Zeit später hielt tatsächlich ein junger, Mitte 20-jähriger Kerl mit seinem bescheidenen Auto vor uns an. "I won't be able to get you guys to Christchurch, but I can drop you off at a spot that is an hour closer to your goal.", sagte er. Wir kannten die

Gegend nicht, von der er behauptete uns absetzen zu können, aber ich trug ein äußerst selbstsicheres Gefühl in mir, das mich davon überzeugte einzusteigen. Nun gab es wieder einmal kein Zurück mehr. Wie es der Zufall wollte, handelte es sich bei unserem freundlichen Anhalter um einen Österreicher, der drei Jahre zuvor sich dazu entschlossen hatte von Wien zu seiner neuseeländischen Freundin nach Neuseeland zu ziehen. Bei Begegnungen wie diesen fiel mir einmal wieder auf, wie klein die Welt manchmal tatsächlich wirken kann, einfach unfassbar!

Eine Stunde später setzte uns der sympathische Wiener am besagten Ort ab und erklärte, dass von diesem Punkt an nur noch eine große Straße nach Christchurch führt und die Chancen gutstünden, jemanden zu finden, der uns zum Zielort bringen könne. Zu diesem Zeitpunkt schlug die Uhr Punkt 16:00 Uhr und die Sonne schien wahnsinnig stark auf uns herab.

Wir befanden uns am Rande einer Straße, an der nicht mehr als ein Info-Center, eine Tankstelle, ein Café und öffentliche Toiletten zu finden waren. Uns war also klar, dass wir an diesem Tag auf der Straße schlafen müssten, sollte sich niemand mehr bereiterklären uns mitzunehmen. Dieses Wissen machte das Abenteuer nochmal deutlich spannender und sorgte für Gänsehaut. Nach der ersten halben Stunde machte sich mein Hunger deutlich bemerkbar und die Sonne den Eindruck, noch stärker zu scheinen als zuvor. Gloria entschied sich dazu, sich im Info-Center nach unseren Alternativen zu erkundigen, während ich weiterhin voller Hoffnung mit einem strahlenden Lächeln das Schild am Straßenrand in die Höhe hielt und den Autofahrern zuwinkte.

Wenig später hupte ein großes Auto, als es gerade an mir vorbeifuhr und bog in die nächste Seitengasse nach links ein. Mit allen Rucksäcken in den Armen rannte ich voller Vorfreude dem Auto hinterher. Ein bärtiger Inder mit Brille und Turban stieg aus dem Wagen und schien genauso aufgeregt zu sein wie ich. Beim ersten Blick in sein Auto erkannte ich, dass sowohl der Kofferraum als auch die Rückbank ziemlich vollgefüllt mit allem möglichen Zeug war. Dennoch war er überzeugt davon, dass genug Platz für zwei Beifahrer sei und bot mir an, uns bis zu unserer Unterkunft mitzunehmen. Die Erleichterung war mir ins Gesicht geschrieben. Ich rannte Richtung Info-Center, um Gloria Bescheid zu geben, die im selben Moment das Gebäude verließ. Auch ihr war die Erleichterung erkennbar anzumerken. Gemeinsam stapelten wir das Zeug des Inders und unsere Rucksäcke auf der rechten Seite der Rückbank, um Platz für einen von uns auf der linken Seite zu machen.

Es folgte eine 4-stündige Fahrt, in der ich mich viel mit unserem Retter in der Not unterhielt und dabei seiner indischen Rapmusik zuhörte. Beim Reden war es leicht rauszuhören, dass es ihm wichtig ist von anderen respektiert zu werden, weswegen ich während der Fahrt mein Bestes gab, ihm diesen ersehnten Respekt zu verschaffen.

Durch dieses Erlebnis gewann ich nicht nur mehr Vertrauen in die Menschheit, sondern es gab mir auch einen Grund nach der Antwort auf die Frage "Wann sollte man dem Schicksal vertrauen und wann sollte man es selbst in die Hand nehmen?" zu suchen. Nach langem Überlegen bin ich zu dem folgenden Entschluss gekommen: Diese Frage kann man nicht im allgemeinen Sinne beantworten. Die richtige Antwort muss jeder Mensch für sich selbst herausfinden. Sie sagt nicht nur einiges über die Person selbst, sondern auch über dessen Entscheidungsstil aus.

Ist man zum Beispiel der Typ Mensch, der über alles viel zu viel nachdenkt, jede mögliche Option in Betracht zieht und versucht das Schicksal so gut wie möglich selbst in die Hand zu nehmen, nenne ich das den "Overthinker". Schuldig im Sinne der Anklage muss ich gestehen, dass ich schon immer zu dieser Sorte Mensch gehört habe und weiterhin gehören werde, denn diesen Stil sucht man sich nicht aus, sondern man wird damit geboren.

Auf der anderen Seite befinden sich die "Non-Thinker". Sie lassen die Dinge für gewöhnlich auf sich zukommen und kommen gar nicht erst auf die Idee über Gott und die Welt nachzudenken. Sie vertrauen auf das Schicksal und sind fest davon überzeugt, dass sich alles von selbst ergibt. Auch ihre Vorgehensweise ist nicht beabsichtigt, sondern schlicht und einfach der Stil, den sie gewohnt sind.

Keiner dieser Stile ist besser oder schlechter als der andere. Durch sie unterscheidet sich die Art und Weise, wie wir Entscheidungen in bestimmten Situationen treffen. Wie bei fast allem im Leben gilt es auch hierbei am besten eine Balance zu finden. Die meisten von uns finden sich klar auf einer der beiden Seiten wieder, aber dennoch sollte man versuchen – egal in welche Richtung – nicht ins Extreme zu geraten. Obwohl wir uns zu einer der beiden Seiten klar hingezogen fühlen, sollten wir uns in gewissen Situationen auf unser Bauchgefühl verlassen, wenn es darum geht sich zu entscheiden, ob man dem Schicksal vertrauen, oder es lieber selbst in die Hand nehmen sollte. Das Bauchgefühl soll uns nicht dabei helfen möglichst oft die richtige Entscheidung zu treffen, sondern es hilft uns dabei, auf der Strecke unseres eigenen, individuellen Weges zu bleiben.

"Das Schicksal hat etwas Besseres mit dir vor."

In Vietnam lernten Raffi und ich zwei gleichaltrige Mädchen aus den Niederlanden kennen. Wie es der Zufall wollte, organisierte unser damaliges Hostel erstmals eine kostenlose Fahrrad-Tour, bei der wir gerade einmal fünf Teilnehmer waren. Auf Anhieb verstanden wir vier uns besonders gut, woraufhin wir noch am selben Abend gemeinsam feierten und am darauffolgenden Tag eine gemeinsame Motorrad-Tour starteten. Diese führte dazu, dass wir noch einen weiteren Tag als Kleingruppe miteinander verbrachten und am nächsten Morgen um 04:00 Uhr denselben Bus zur selben Ortschaft nahmen.

Auch hier verbrachten wir viel Zeit gemeinsam. Die beiden Mädchen erzählten uns von ihrem Vorhaben, den bekannten "Hai-Van-Pass" mit dem Motorrad entlangzufahren. Er gilt als natürliche Grenze zwischen dem Norden und dem Süden Vietnams und wurde laut Internet im Laufe des letzten Jahrzehnts immer beliebter bei Backpackern, die willig waren, den Pass auf eigene Faust zu überqueren. Die beiden Holländerinnen brauchten keine großen Überredungskünste, um Raffi und mich davon zu überzeugen, uns bei diesem Abenteuer anzuschließen.

Es lief so ab, dass uns unsere großen Rucksäcke bei unserer Startdestination abgenommen und vier Motorräder zu Verfügung gestellt wurden. Aufgrund dessen, dass wir One-way fuhren, wurde unser Gepäck mit einem Transporter separat zum Zielort gebracht, sodass wir lediglich unsere kleinen Rucksäcke mit dem wichtigsten Zeug am Rücken tragen mussten. Um 09:00 Uhr morgens bekamen wir noch eine kurze Erklärung von einem Mitarbeiter der Leihfirma, der uns auf einer einfachen Landkarte den idealen Weg und beliebte Zwischenstopps aufzeichnete.

Nachdem uns Google Maps etwas irreführend durch das Stadtzentrum jagte, um zu einer Tankstelle zu gelangen, setzte ich meine Idee durch, von Beginn an zu versuchen uns ausschließlich anhand der erhaltenen Landkarte zu orientieren. Seit diesem Vorschlag fuhr ich an erster Stelle und gab das Tempo und die Richtung an. Zugegeben, es war ein großartiges Gefühl für mich, als Erster zu fahren und den Takt vorzugeben, welches mich mit Stolz erfüllte. Größtenteils überholten wir die anderen Verkehrsteilnehmer, aber glücklicherweise gelang es uns durch reine Intuition dennoch rechtzeitig vor einer Polizeikontrolle langsam genug zu fahren, um nicht aufgehalten zu werden.

Bei unserem ersten Stopp merkte man den beiden Mädchen an, dass sie nach zwei Stunden Fahrt nicht mehr so ganz motiviert waren wie Raffi und ich. Das hielt uns dennoch nicht davon ab, voller Lebensfreude einen steilen Fluss entlang von Felsen zu Felsen zu springen und daraus ein kleines Abenteuer zu machen, das mit einer unglaublichen Aussicht über den Regenwald an einem riesigen Felsen gekrönt wurde. Das Flusswasser war so klar, dass ich mich erstmals dazu entschied meine Wasserflasche, die einen eingebauten Filter hatte, zu verwenden. Tatsächlich schmeckte das gefilterte Flusswasser besser und erfrischender als das abgefüllte Wasser in den Plastikflaschen, die wir zuvor beim Supermarkt gekauft hatten. Während Raffi und ich voller Abenteuerlust weiterhin die Gegend erkundeten, machten es sich die Holländerinnern gemütlich, legten sich in die Sonne und machten Fotos, um ihr Instagram aufzupeppen.

Nachdem wir etwas über eine Stunde an diesem Ort verbrachten, machten wir uns wieder auf den Weg zur Hauptstraße. Kurz bevor es wieder richtig losging, setzten wir uns auf einen Sprung in ein winzigen "Lokal", auf dessen Karte keine Preise, sondern einfach das Wort "Affordable" stand. Der im ersten Eindruck locker wirkende Besitzer meinte, wir sollten ihm bei der Preisfrage vertrauen und einfach bestellen. Im Endeffekt zahlten wir etwa zwei Euro pro Speise inklusive Getränke, wodurch sich unser Vertrauen in den Besitzer als richtiger Entschluss erwies.

Nachdem wir noch eine Weile den atemberaubenden Hai Van Pass entlangfuhren und ich während vereinzelter Foto-Stopps die Gelegenheit nutzte, um mich zu orientieren, legten mir die anderen drei gewillt die Nutzung von Google Maps nahe, weil ihnen meine Bemühungen mit der Landkarte zu altmodisch und ineffizient waren. Etwas genervt stiegen wir zum Wohle der Gruppe also auf die Nutzung des Internets um.

An jenem Tag sollte sich einmal wieder beweisen, dass ich einer der Menschen bin, die zwar selten den einfachsten Weg wählen, es aber immer über einzigartige Wege dennoch ans Ziel schaffen. Here's the story:

Dadurch, dass weder Raffi noch ich eine SIM-Karte hatten, ergriffen die Holländerinnen die Initiative, indem sie voranfuhren und uns nicht mehr bei der Navigation integrierten. Als ich dachte, ich könnte nicht mehr genervter von der Situation sein, verfuhren sich die beiden trotz Online-Navigation und brachten mich damit umso mehr zum Kopfschütteln. Ich wurde dabei umso launischer, fuhr mit Tempo voran und gab voller starrem Egoismus erneut den Takt an. Es dauerte daraufhin nicht lange, bis wir in eine Stadt gelangten, in der der Verkehr rasant dichter wurde. Obwohl ich alle paar Sekunden nach den anderen sah, waren sie von dem einen auf den Moment nicht mehr im Rückspiegel zu sehen.

Infolgedessen fuhr ich so lange weiter geradeaus, bis ich an einem gut sichtbaren Platz auf der Seite stehenblieb und nach ihnen Ausschau hielt. Nach zehn Minuten Warten und Suchen verlor ich die Hoffnung die drei zu finden und gab die Suche nach ihnen auf. Zu diesem Zeitpunkt wurde mir klar, dass der Roadtrip von nun an also allein weitergeht.

Mir war bewusst, dass ich noch etwa eineinhalb Stunden an Fahrtzeit vor mir hatte, es bald dunkel werden würde, meine Tankanzeige nicht funktionierte, ich keinen Internetzugang hatte und mich nur anhand meiner noch vorhandenen Landkarte orientieren konnte. Ich wusste in welche Richtung ich ungefähr fahren musste, vertraute meinem Instinkt und wenn ich mir einmal wirklich unsicher war und nicht einmal die Karte weiterhalf, blieb ich am Straßenrand stehen und fragte Einheimische nach dem Weg. Die meisten waren in der englischen Sprache sehr eingeschränkt, weswegen ich schnell lernte, wie ich mich am besten nonverbal anhand von Gestiken ausdrücken konnte.

Es entstand zweifellos ein herausforderndes Abenteuer, bei dem sicher nicht jeder Mensch in der Lage gewesen wäre einen kühlen Kopf zu behalten. Ich für meinen Teil war allerdings guter Dinge diese Challenge zu bewältigen und konnte sie dank der optimistischen Einstellung sogar genießen und wertschätzen.

Als es schließlich endgültig dunkel wurde, sprach die Vernunft zu mir und ich entschied mich dazu, Sicherheitsvorkehrungen zu treffen. Ich marschierte in ein Billiard Lokal, benutzte kurz die Toilette und fragte nach dem WLAN-Passwort. Dieses nutzte ich, um einerseits die anderen zu informieren, dass ich noch am Leben war und andererseits, um mir für den Ernstfall die offline Maps auf Google herunterzuladen. Daraufhin tankte ich auf gut Glück noch einen halben Liter bei der nächsten Tankstelle auf und schon ging es weiter. Ganz auf mich allein gestellt, nach eigener Intuition mit dem Motorrad in einem fremden Land, viele tausend Kilometer von Zuhause entfernt nachts herumzufahren, gab mir ein ganz besonderes Gefühl von Freiheit und Unabhängigkeit. Es fühlte sich fabelhaft an, eine Erfahrung zu machen, die ich mal zur Abwechslung ausschließlich mit mir selbst teilen konnte!

Zwischendurch blieb ich an der Strandpromenade stehen, um mir den Strand aus der Nähe anzusehen, der durch die Nachtbeleuchtung der riesigen Gebäude faszinierend goldig aussah. Je näher ich zum Ziel kam, desto riesiger wurden die Resorts der Luxushotels, an denen ich vorbeifuhr. Ich kam genau zu dem Zeitpunkt an, zu dem ich es den anderen vorhergesagt hatte, aber da waren sie schon im Hostel. Etwa 250 Meter vor meiner Ankunft, hatte ich wahres Glück im Unglück, als mein Tank vollkommen leer wurde und ich das Motorrad für das letzte kleine Stück schieben musste…das hätte schief gehen können!

Mit den Worten "Das gibt einen Tagebucheintrag!" betrat ich das Hostel-Zimmer, in dem Raffi bereits auf mich wartete und mich schmunzelnd ansah. Als er fragte, wie meine restliche Fahrt war, bekam er von mir die ehrlichste Antwort, die ich ihm hätte liefern können: "Euch zu verlieren war das Beste, das mir passieren hätte können." An jenem Abend war ich wunschlos glücklich und die Abenteuerlust war gestillt.

Diese Geschichte belehrte mich einmal wieder, dass auch, wenn eine Ausgangslage manchmal hoffnungslos oder kritisch aussieht, es immer noch eine Möglichkeit gibt, sie zum Guten zu wenden. Auch wenn es zwischendurch nicht gut für mich aussah, nahm das Schicksal seinen Lauf und es stellte sich heraus, dass etwas Besseres auf mich wartete. Am Ende des Tages blickte ich auf eine Situation zurück, deren Entwicklung ich nie im Leben erahnen hätte können. Gerade dann, wenn sich etwas ergibt, womit man zuvor niemals gerechnet hätte, steht ein Abenteuer bevor. Was man daraus macht, hat jeder selbst in der Hand. Das Schicksal kann einen zum richtigen Weg führen, die einzelnen Schritte muss man allerdings selbst gehen.

"Der Mensch plant - das Schicksal lacht."

Schon ab dem Zeitpunkt, als der Starttermin für die Weltreise geklärt und das One-way Ticket nach Bangkok gebucht war, versuchten Raffi und ich eine ungefähre Route zu planen, nach der wir uns halbwegs richten können. Zugegeben, es war schwieriger als gedacht, sich für bestimmte Länder zu entscheiden, weil jedes einzelne, das sich in unserer geplanten Richtung befand, verlockend genug wirkte, um es zu besuchen. Optimistisch wie wir waren, hatten wir am Ende des Tages eine Liste mit 20 Ländern aufgestellt, die wir unbedingt erkunden wollten. Dass 20 Länder für sechs bis acht Monate deutlich zu viele waren, wollten wir zu diesem Zeitpunkt noch nicht glauben. Bereits am ersten offiziellen Tag in Thailand wurde uns allerdings klar, dass die 20-Länder-Idee deutlich zu optimistisch und unrealistisch war:

Gemeinsam mit Lukas, der uns wie zu Beginn des Buches erwähnt durch ganz Thailand begleitet hatte, hatten Raffi und ich lediglich die ersten drei Nächte in Bangkok gebucht, das wars. Keine Flüge, keine Bustickets, keine weiteren Unterkünfte, nothing. Dadurch, dass wir keine Ahnung davon hatten, was uns erwarten würde, entschieden wir schon am ersten Tag dem Motto "Go with the flow" zu folgen. Der "flow" brachte uns dazu, die Innenstadt bereits um 07:00 Uhr morgens zu erkunden.

Es dauerte nicht lange, bis wir in unser erstes "Tuk-Tuk" (eine dreirädrige, motorbetriebene Autoriksha, die den Touristen in Bangkok etwas Außergewöhnliches bieten soll) stiegen und für umgerechnet 6,60 Euro eine aufregende, zehn-minütige Fahrt zum Touristenspot "Wat Pho" bekamen. Als uns vor Ort dann der nächste Tuk-Tuk Fahrer anbot, uns für umgerechnet insgesamt einen Euro zweieinhalb Stunden durch die Stadt zu führen, wussten wir, dass der vorige Fahrer mit uns den Deal seines Lebens abgeschlossen hatte.

Nachdem uns der Fahrer in den ersten eineinhalb Stunden die beliebtesten Touristenspots gezeigt hatte, bat er an, uns in einem Reisebüro abzusetzen, falls wir Hilfe damit bräuchten, einen Reiseplan für Thailand zu erstellen. "Anhören schadet bestimmt nicht.", dachten wir uns dabei und betraten das Reisebüro mit der Intention, schlicht und einfach Ideen und Tipps zu sammeln. Eine Stunde später verließen wir das Geschäft mit jeweils über 600€ belasteten Kreditkarten und einem 27-tägigen Reiseplan durch Thailand, der sowohl Unterkünfte als auch Transport und zwei Touren inkludiert hatte.

Schon klar, jeder Leser denkt sich jetzt vermutlich, dass wir unseren Prinzipien des spontanen Reisens mit dieser Aktion komplett in den Rücken gefallen sind. Dem möchte ich gar nicht widersprechen. Um etwas mehr Klarheit in die Sachlage zu bringen, müssen aber noch die Hintergründe zu diesem Entschluss erklärt werden:

1. Der Mitarbeiter, der uns den Plan erstellte, schlug einige Destinationen vor, die ich sowieso im Hinterkopf hatte, wie zum Beispiel Phi Phi Islands, Koh Phangan, Chiang Mai, etc.

2. Der Kulturschock am ersten Tag machte uns bewusst, dass wir eigentlich weder eine Ahnung von der thailändischen Kultur noch vom Rucksackreisen allgemein hatten. Wir wussten nicht, wie die Dinge funktionieren und sprangen, ohne viel zu überlegen ins kalte Wasser. Das führte dazu, dass wir uns kurzzeitig überwältigt und ahnungslos fühlten. Die vorgefertigte Reiseroute schien dadurch in diesem Moment, als wäre sie der einfachste Ausweg dafür.

3. Die Kombination aus Müdigkeit, Hunger, Aufgeregtheit und Überwältigung bringen den Menschen dazu, voreilige und wenig bedachte Schlüsse zu ziehen.

Nachdem wir das Package bezahlt hatten, meinte der Mitarbeiter, dass er ein bis zwei Stunden zur Bearbeitung der Buchung bräuchte und wir einstweilen Mittagessen gehen sollen. Wir ließen uns vom Fahrer ein paar Straßen weiterfahren, bis wir ein Lokal fanden, in dem wir unsere erste Mahlzeit der Reise bekamen. Danach zeigten wir anhand einer Karte, in der uns der vorige Fahrer den Standort des Reisebüros eingezeichnet hatte, einem neuen Fahrer unser gewünschtes Ziel und fuhren los.

Dieser setzte uns am falschen Ort ab, war aber fest der Meinung, dass wir richtig waren. Uns blieb nichts anderes übrig als einen anderen Tuk-Tuk Fahrer nach dem Weg zu fragen, aber auch dieser hatte keine Ahnung von welchem Reisebüro wir sprachen. Langsam stieg die Nervosität von jedem Einzelnen an, denn egal wen wir fragten – niemand wusste von dem besagten Reisebüro. Kurzzeitig hatten wir echt Angst bekommen, dass wir auf irgendeine Art und Weise reingelegt worden waren, aber wir gaben nicht auf und blieben optimistisch. Nach kurzer Überlegung wurde uns klar, dass unsere einzige Chance, das Geschäft wieder zu finden, darin bestand, den vorigen Fahrer aufzusuchen. Also gingen wir zurück ins Stadtzentrum und spekulierten darauf, dass sich der Fahrer wieder an dem Ort befand, wo wir ihm am Morgen erstmals begegneten.

Das Glück in dieser Situation war auf unserer Seite und es gelang uns den gesuchten Fahrer zu finden und wieder zurück ins Reisebüro zu fahren. Dort erklärte uns der Mitarbeiter die Einzelheiten des Plans und gab uns für jede Unterkunft einen handschriftlich ausgefüllten Zettel inklusive Stempel, die zu jenem Zeitpunkt sehr fragwürdig und einfach aussahen. Es gab in diesem Fall kein Zurück mehr, deswegen galt es schlicht und ergreifend darauf zu vertrauen, dass schon alles gut gehen würde. Zugegeben, wir hatten nach wie vor wenig Ahnung davon, was uns in den nächsten Wochen erwarten würde und konzentrierten uns erstmal darauf, den Tag zu überstehen.

Nach einem kurzen Nachmittagsschläfchen bei 34 Grad und gerade einmal einen kleinen Ventilator im Hostelzimmer, der nur aus Formalitätsgründen vorhanden war und gerade einmal seinen Zweck als Deko erfüllte, wachten wir um 18:00 Uhr wieder auf. Beim Abendessen kamen langsam verunsichernde Gedanken in uns hoch und wir konnten an nichts anderes mehr denken, als an unsere spontane Entscheidung, etwas weniger spontan zu sein. "Fuck, was haben wir getan?", sagte Lukas, der kurzzeitig nicht mehr überzeugt von unserem Schachzug wirkte. Natürlich waren wir alle etwas verunsichert, aber gerade diese Ungewissheit erzeugte einen Nervenkitzel in mir, mit dem ich mich im Laufe der Zeit anfreundete.

War das nicht genau das, was ich mir gewünscht hatte? Ja. War die Hauruck-Aktion die richtige Entscheidung hinsichtlich meines Vorhabens und meiner Vorstellungen?

Damals: Keinen blassen Schimmer.

Heute: Vermutlich. Diese geplante Reiseroute durch Thailand gab uns nach wie vor die Möglichkeit zu erleben was wir wollen und nahm uns lediglich die Wahl der Aufenthaltsdauer und einiges an Planungs- und Organisationsaufwand. Der Flow der spontanen Entscheidungen gab uns die Möglichkeit, uns auf das Hier und Jetzt zu konzentrieren, nicht in die Zukunft planen zu müssen und darauf zu vertrauen, dass alles seinen Lauf nehmen wird, wie es vorgesehen ist. Die Entscheidungen, die wir in der Gegenwart manchmal als Fehler einstufen, entwickeln sich im Laufe der Zeit meist zu denen, für die wir im Nachhinein dankbar sind. Denn jeder Beschluss trägt gewisse Konsequenzen in sich, nur sind wir nicht immer sofort in der Lage diese Folgen zu erkennen. Deswegen ist oft das Beste, das man nach einer gefallenen Entscheidung machen kann, darauf zu vertrauen, dass alles aus einem bestimmten Grund passiert, anstatt irgendetwas zu bereuen.

"Manchmal soll es einfach nicht sein."

Zu meinem 20. Geburtstag, den ich mit meiner Abschiedsfeier vor Beginn der Reise kombinierte, schenkte mir eine größere Freundesgruppe einen Geldbetrag, der als Gutschein für einen Helikopterflug meiner Wahl gedacht war. Trotz meines enormen Respektes vor der Höhe nahm ich das Geschenk mit Freude an und schrieb mir seither einen Helikopterflug auf meine Reise-Bucket-List. Trotz meiner Angst war ich fest davon überzeugt dieses Vorhaben durchzuziehen – komme was wolle. Während meiner Zeit in Vanuatu entdeckte ich einen Flyer, der von einem Acht-Personen-Flugzeug, das einen aktiven Vulkan auf einer benachbarten Insel umkreist, berichtete. Aufgrund dessen, dass der Adrenalinkick bei dieser Aktivität vermutlich sogar dem eines Helikopterfluges über eine

Großstadt übertrifft, entschied ich mich dafür das von meinen Freunden gesammelte Geld in dieses Abenteuer zu investieren.

Leider musste ich am nächsten Tag feststellen, dass der nächste Termin für einen dieser Flüge erst wieder eine Woche nach meiner Abreise stattfinden würde und somit musste ich auf eine andere Möglichkeit warten. Drei Wochen später befand ich mich unterwegs in Neuseeland, wo ich mich seit meiner Einreise in dieses naturverbundene Land auf eine spezielle Aktivität freute: Eine Helikopter-Eisgletscher-Wandertour, bei der man am sogenannten "Franz Josef Glacier", der sich in der Nähe der Westküste der Südinsel befindet, mit einem Helikopter auf den Gletscher geflogen wird und anschließend am Eis entlangwandert.

Zehn Tage im Voraus hatte ich diese Tour online gebucht, um sicherzugehen, dass ich diesmal zu meinem gewünschten Helikopterflug kommen würde. Als ich am geplanten Morgen mit voller Vorfreude, Nervosität und meinem vorbereiteten Rucksack voller zusätzlicher Kleidung und Proviant beim Treffpunkt ankam, wurde mir unglücklicherweise mitgeteilt, dass die Aktivität aufgrund der kritischen Wetterlage (bewölkt, nebelig & regnerisch) abgesagt wurde. Enttäuscht fragte ich daraufhin wie die Chancen stehen würden, dass die nächsttägige Tour stattfindet. Der Mitarbeiter erklärte mir, dass es schwierig einzuschätzen sei und die Chance etwa bei 50:50 liege.

Voller Hoffnung kam ich am nächsten Tag wieder. Diesmal war das Wetter deutlich besser. Kein Regen, nur ein paar Wolken am Himmel und leichter Nebel zu sehen. Leider wurde auch diesmal die Tour abgesagt. Ich wollte auch die zweite Absage nicht einfach auf mir sitzen lassen und entschied mich, eine weitere Nacht zu bleiben und darauf zu hoffen, dass das Glück auf meiner Seite sei. Leider war es das wieder nicht.

"Vielleicht soll es einfach nicht sein.", dachte ich mir bei der dritten Absage in Folge und verließ den Ort endgültig. Manchmal sollen sich die Dinge nicht so ergeben, wie man es sich gerne gewünscht hätte und vielleicht ist das auch besser so. Wer weiß was passiert wäre, wenn der Pilot sich einen Flug bei nicht optimalen Bedingungen zugetraut hätte. Vielleicht nichts – vielleicht aber auch eine Tragödie. Klar kann man sich über den Ausgang eines ausgedachten Szenarios nicht sicher sein, weshalb es auch wenig Sinn macht, viel darüber nachzudenken. Deswegen ist es in manchen unglücklichen Situationen schlicht und ergreifend besser und einfacher, sich selbst zu sagen, dass es vielleicht gut war, dass sich die Dinge so ergaben, wie es kam.

"Jede negative Erfahrung ist für irgendetwas nützlich."

"Fuck!", dachte ich mir an jenem Morgen in Vietnam, als ich um kurz vor 05:00 Uhr morgens aufwachte, auf die Uhr sah und Panik bekam.

Um 04:00 Uhr hätte mein Handywecker läuten sollen, um es rechtzeitig zu unserer gebuchten Tour zu schaffen, bei der Raffi und ich mit einem Quad auf roten Dünen herumgerast wären, welche um 04:15 Uhr gestartet hat.

Es war das erste Mal während dieser Reise, dass ich verschlafen hatte. Ich bemerkte, dass mein Handy nachts, während ich schlief, unter mein Bett gefallen war, woraufhin ich das Läuten des Weckers offenbar nicht mehr wahrnehmen konnte. Schnell lief ich zur Rezeption, um meine Situation zu erklären. Trotz meiner Bemühungen für eine Umbuchung wollte die schlecht gelaunte vietnamesische Rezeptionistin keine Ausnahme für mich machen und war fest davon überzeugt, dass sie mir in keiner Weise weiterhelfen konnte. Als ich zurück Richtung Hostelzimmer schlenderte, bahnten sich die Gefühle der Enttäuschung und schlechten Laune bei mir an.

Ich war wütend, sehr sogar – aber auf wen? Etwa auf die Rezeptionistin, weil sie keinerlei Bemühungen machte, Mitgefühl zu zeigen oder mir helfen zu wollen? War ich auf mich selbst sauer, weil ich mein Handy vor dem Einschlafen auf die Bettkante legte und dieses von der ungünstigen Stelle hinunterflog? Oder hätte ich Grund dazu auf Raffi wütend zu sein, weil er sich keinen eigenen Wecker gestellt hatte und sich einmal wieder darauf verließ, dass ich mich schon um alles kümmern würde?

Erst einmal muss gesagt werden, dass die einfachste Option bei der Schuldfrage ist, mit dem Finger auf jemand anderen zu zeigen. In dieser Situation war ich allerdings reif genug, um die Schuld und Verantwortung vollkommen auf meine Schultern zu nehmen. Das führte dazu, dass ich begann mich selbst in ein schlechtes Licht zu stellen und mich für etwas zu kritisieren, was ich nicht einmal aktiv und bewusst getan hatte. Nichtsdestotrotz fühlte ich mich miserabel. Mit unzähligen Schuldgefühlen in mir war ich nicht einmal mehr in der Lage wieder einzuschlafen. Ich stieg nach wenigen Minuten also wieder aus dem Bett, verließ das Zimmer, kletterte eine Mauer hoch, setzte mich obendrauf und begann den Sonnenaufgang zu beobachten. Ein alltägliches Phänomen, das niemals langweilig wird. Je mehr die Sonne aufging, desto geringer wurde meine Wut auf mich selbst. Ich begann mir selbst die Schuld zu entziehen und darüber nachzudenken, welcher Mensch in der Lage sein könnte, immer richtig zu handeln. Die Antwort: Niemand.

Dies brachte mich umso mehr zum Grübeln und ich kam zu dem Entschluss, dass unabhängig davon, ob unser Handeln richtig oder falsch ist, es unsere Entscheidungen sind, die uns zu dem Menschen machen, der wir sind und uns zu dem Weg führen, den wir bestimmt sind zu gehen. Abgesehen davon wurde mir klar, dass mich in diesem Fall tatsächlich keine ernstzunehmende Schuld trifft, was dazu führte, dass ich mich selbst wieder akzeptierte, aber noch immer schlecht gelaunt wegen der verpassten Möglichkeit war.

Die Sonne wurde stets immer größer und die Farbe ihres Aufgangs verwandelte sich langsam aber doch von einem knalligen Rot in ein warmes Orange. Während dieser Beobachtung erinnerte ich mich selbst wieder daran, dass jede negative Erfahrung oft irgendeinen noch unbekannten Zweck erfüllt. Oftmals sind falsche Entscheidungen und Niederlagen gut dafür, um uns besser auf die Zukunft einstellen zu können. Sie lehren uns meistens sogar deutlich mehr als die richtigen Entscheidungen und Siege im Leben.

Wer hätte gedacht, dass etwas Zeit, um den Kopf freizubekommen und Nachdenken gepaart mit der Beobachtung eines alltäglich auftretenden Wunders der Natur alles ist, was man braucht, um bereits in der ersten Stunde des Tages auf neue Lebenserkenntnisse zu stoßen...

Kapitel 3 - Comfortzone

Mein Leben lang war ich ein vorsichtiger Mensch. Mir gefiel es immer
alles zuerst einmal in Ruhe zu beobachten, wenn ich vor neuen
Erlebnissen stand. Als kleines Kind bin ich einst mit dem Rücken zu
einem Schwimmbecken gesessen, als ich plötzlich das Gleichgewicht
verlor und ohne die Fähigkeit zu schwimmen ins Wasser fiel und
dabei fast ertrunken wäre. Mit sechs Jahren erlebte ich im
Freizeitpark ein Kindheitstrauma, in dem ich, ohne zu wissen was
mich erwarten würde, in eine Bahn stieg, dessen Mindestalter weit
über mein damaliges Alter hinausging. Diese Situation entpuppte sich
in kürzester Zeit als Horrorszenario (zumindest aus der Sicht meines
sechsjährigen Ichs) und verfolgte mich jahrelang. Seither war die
Höhenangst einer meiner treuesten Begleiter.

Achterbahnen, Sprungbretter in der Therme, Klettern, Tauchen und
im Prinzip allem, was mit Höhe oder Wasser zu tun hatte, versuchte
ich so gut wie möglich mein Leben lang aus dem Weg zu gehen.
Einfach gesagt: Ich war ein Hosenschisser. Ein Problem, das ich mit
dieser Reise ein für alle Mal beseitigen wollte.

In meiner pubertären Zeit begann ich die ersten Schritte zu setzen
und diesem Problem entgegenzuwirken. Dabei nahm ich mir vor
selbstbewusster zu werden, wobei die Komfortzone eines der
Themen war, mit denen ich mich besonders intensiv beschäftigte.

"Life begins at the end of your comfort zone.", ist ein Spruch, auf den ich dabei immer wieder stieß. Grundsätzlich klingt bei diesem Prinzip alles recht logisch. Vergiss das Gefühl der Sicherheit und lebe für die Erfahrungen, denn diese prägen dich auf irgendeine Art und Weise unabhängig davon, ob der Ausgang positiv oder negativ ist. Man hat zwei Optionen:

Entweder man widmet sich dem Vorhaben über sich hinauszuwachsen und wird zum Bestimmer des eigenen Schicksals, oder man weicht unangenehmen Situationen nach Möglichkeit aus, versteckt sich und bleibt immer in Sicherheit. Eines Tages hatte ich es satt ein Feigling zu sein und wollte endlich mutig werden. Es blieb nur noch die Frage: "Wie?". Zur damaligen Zeit wusste ich noch keine Antwort darauf. Was ich allerdings wusste, war, dass sich bei meiner lang ersehnten Reise alles verändern sollte – auch meine Beziehung zur Komfortzone.

In diesem Kapitel möchte ich mit euch daher ein paar meiner herausforderndsten Momente teilen, in denen sich innerhalb weniger Sekunden die Angst in ein kurzzeitiges Gefühl der Unsterblichkeit verwandelte.

> *"Nicht zu viel nachdenken, sondern einfach rausgehen und machen."*

Der erste große Schritt zu einer mutigen Persönlichkeit entstand bei mir nach exakt zwei Wochen und bringt uns wieder an den Anfang der Reise. Wie bereits erwähnt, hatten wir zu Beginn zu viele Unsicherheiten, was das Motorradfahren betrifft. Niemand von uns drei hatte einen Motorradführerschein, lediglich Lukas konnte eine eintägige Erfahrung vorweisen, bei dem er einmal auf einem leeren Parkplatz ein paar Runden drehte. Neben der fehlenden Fahrpraxis gab es ein weiters Problem: das Verkehrssystem. Es existiert in Thailand nicht (zumindest war es in unseren Augen nicht ersichtlich). Sperrlinien und Ampeln waren aus Formalitätsgründen vorhanden, wurden aber von 90% der Verkehrsteilnehmer nicht weiter beachtet.

So oder so ließ der Wille Neues auszuprobieren alle Kontra-Punkte in diesem Fall im Schatten stehen und brachte uns zum Plan, am nächsten Morgen für alle drei von uns Motorräder auszuleihen, um damit von Strand zu Strand zu hoppen. An jenem Morgen waren allerdings die Wetterbedingungen weit weg von optimal und wir waren drauf und dran unsere Pläne zu ändern. Das Motorradabenteuer war für uns jedoch diesmal unersetzlich und kein Regen der Welt konnte uns davon abhalten, die Straßen unsicher zu machen. Unser Motto: "Nicht zu viel nachdenken, sondern einfach rausgehen und machen."

Was wir an unserem Plan allerdings änderten, war das Strandhopping durch eine selbstständige Dschungelexpedition zu ersetzen. Neben der gewöhnungsbedürftigen Fahrtechnik mussten wir uns zusätzlich stark darauf fokussieren, auf der linken Straßenseite zu fahren, was sich ziemlich ungewohnt anfühlte. Nach einer kurzen Eingewöhnungsphase ging es los auf die Straße. Mit jeder Minute verlor ich an Angst und Unsicherheit und gewann Selbstvertrauen sowie das Gefühl der puren Freiheit. Mit meinem zu großem Helm, der durchgehend während der Fahrt nach hinten rutschte und der Kombination aus Regenschauer und starkem Wind war das Fahren teilweise ein "kompletter Krampf", wie ich es nannte.

Auf der anderen Seite bemerkten wir nach kürzester Zeit den Vorteil der suboptimalen Wetterbedingungen. Die Straßen waren aufgrund des Wetters zum Großteil leer, weswegen wir uns eine Sorge weniger machen mussten.

An einer Stelle, die sich Lukas (der übrigens der einzige von uns mit Internetverbindung war) auf Google Maps raussuchte, ließen wir unsere Motorräder stehen und fingen an uns durch den Wald zu kämpfen. Nach einer kurzen Wanderung stießen wir unerwarteterweise auf sehr einfach konstruierte Mini-Häuser.

Vor einem der Häuser saß eine alte Dame, die aussah, als würde sie tatsächlich hier im abgeschotteten Wald leben. Ihre Besitztümer und sie strahlten pure Armut aus, doch eines passte nicht. Trotz der einfachen Lebensverhältnisse hatte sie einen Fernseher vor sich stehen. Wir fragten sie nach einem Wasserfall, den wir suchten, woraufhin sie uns mit starrem Blick ansah und uns mit ihrem zittrigen Arm die Richtung anzeigte. Aus weiter Ferne bildeten wir uns ein ihn leicht zu hören. Er war jedoch von dieser Seite des Waldes nicht erreichbar, weswegen wir zu den Bikes zurückgingen und es von der anderen Seite aus versuchten. Als wir ihn erreichten, kam die Enttäuschung in unseren Gesichtern hoch.

Obwohl es kontinuierlich an jenem Tag regnete, floss kein Wasser an der Stelle des gesuchten Wasserfalls, wodurch wir einfach das Beste aus der Situation machten. Ich suchte nach einem ruhigen, schönen Platz, wo wir für ein paar Minuten einfach einmal die Ruhe und die Natur genießen konnten. Die zwitschernden Vögel waren zu hören und die feuchte Luft sowie der mittlerweile nur noch vorhandene Nieselregen war auf der Haut angenehm zu spüren.

Am Weg zurück zu den Bikes sahen wir aus der Ferne eine Aussichtsplattform eines Flying Fox', bei der keine Menschenseele weit und breit sichtbar war. Trotz des "Zutritt verboten" Schildes war die Versuchung zu groß, die Plattform zu erklimmen. Mit überzeugenden Argumenten konnte ich Lukas und Raffi auch überreden, sich mir bei einem kurzen Hike anzuschließen. Wie erwartet, lohnte sich die Aussicht vollkommen und es gelang uns zurückzukehren, ohne entdeckt zu werden.

Zu diesem Zeitpunkt war es erst knapp 14:00 Uhr und das Fahren machte viel Spaß, sodass wir uns dazu entschlossen, einmal um den Großteil der Insel herum zu fahren. Beim Starten der Motoren dürfte Raffi etwas nervös gewesen sein, als er aus Panik voll aufs Gas ging und blitzschnell gegen einen Holzzaun krachte. Entwarnung: Es waren keinerlei Schäden bemerkbar und ihm war auch nichts passiert. Lukas und ich waren zuerst nicht sicher, ob wir Mitgefühl oder Amüsement zeigen sollten, entschieden uns aber im Endeffekt für Letzteres.

Die Runde um die Insel war abenteuerlich! Neben der nassen Fahrbahn hatten wir es teilweise mit Steigungen und anschließend Gefällen von bis zu 25 Prozent zu tun. Nicht gerade ideal für Tag-Eins-Anfänger, aber mit der richtigen Gelassenheit und Vorsicht konnten wir auch diese Herausforderungen meistern. Am Ende des Tages waren wir nicht nur froh darüber, heil von diesem Roadtrip zurückgekehrt zu sein, sondern auch über die Erkenntnis, dass die besten Abenteuer durch den Mut Neues auszuprobieren entstehen.

"Wenn du ohne einem A-Schein die Rush-Hour einer asiatischen Millionenmetropole überlebst, kannst du alles schaffen."

Ein guter Monat nach meiner ersten Erfahrung auf dem Motorrad war vergangen und ich fühlte mich am Steuer bereits sicherer als in einem Flugzeug. Gefühlt jeder zweite Backpacker, den wir begegneten, erzählte uns, er hätte bereits einen Unfall am Motorrad gehabt, weswegen wir uns umso glücklicher schätzten, dass wir immer verletzungsfrei am Ziel ankamen. An jenem Tag forderte ich dieses Selbstbewusstsein heraus. Wir befanden uns in der Hauptstadt Vietnams namens "Ho-Chi-Minh", die nicht nur mehr Einwohner als ganz Österreich, sondern auch 6,8 Millionen registrierte Motorräder (Stand 2019) vorweist.

Flexibilität und Preis sprachen an diesem Ort - im Vergleich zu den anderen Möglichkeiten, um von A nach B zu kommen, - für eine Motorradleihe, für die sich Raffi und ich uns im Endeffekt auch entschieden hatten. Tagsüber kam ich gut mit dem Verkehr klar, aber als wir um etwa 17:30 Uhr Richtung Unterkunft gefahren sind, konnten wir unseren Augen nicht trauen. Wenig bis kaum Autos weit und breit, stattdessen waren wir umzingelt von unzähligen Motorrädern. Als wäre der Fokus auf die Fahrtechnik, die anderen Fahrer und die Navigation, die Raffi vom Rücksitz aus machte, nicht genug, wurde der Verkehr immer dichter. Es gab von Minute zu Minute weniger Platz und es fuhren mittlerweile geschätzt 20 Fahrer pro Spur nebeneinander.

Wirklich herausfordernd wurde es aber erst dann, als die Straße plötzlich mit Wasser überflutet und nicht einmal mehr der Gehweg zu erkennen war. Kurven fahren war nicht möglich und die Reifen waren bereits zur Hälfte im Wasser. Da es zuvor nicht geregnet hatte, konnten wir uns nicht erklären, wo die plötzlich dagewesene Überflutung herkam.

Wie man sich vorstellen kann, war es nicht gerade der beste Zeitpunkt für mich als Fahrer Sandalen zu tragen – vor allem dann nicht, wenn man bei der Ampel stehenbleiben und mit den Füßen das Fahrzeug stützen muss. Nach einigen, immer wieder notwendigen Ausweichmanövern gegenüber den Fahrern, die ihre Räder weniger unter Kontrolle hatten als ich, wurde es merkwürdigerweise wie aus dem Nichts wieder trocken…wirklich strange.

Als wir danach bei Grün abbiegen wollten, missachtete ein Fahrer vom Gegenverkehr einfach die rote Ampel, was auch für alle anderen Überzeugung genug war, dass sie auch fahren durften. Die anderen Fahrer in unserer Spur ließen sich davon allerdings nicht unterkriegen und schoben langsam mit den Füßen ihr Motorrad über die Kreuzung mit der Hoffnung, dass der Gegenverkehr schon ausweichen würde. Geschickt orientierte ich mich einem dieser Fahrer seitlich hinterher, sodass er den Gegenverkehr für uns blockierte und wir bestmöglich abgesichert waren. Wie man aus dieser Geschichte herausahnen kann, war dies die verrückteste Motorradfahrt der Reise und zeigte mir, wie ungeordnet und gefährlich es auf den südostasiatischen Straßen zugehen kann. Nach dieser Fahrt hatte ich das Gefühl alles schaffen zu können.

"Angst befindet sich nur im Kopf!"

Es gibt Momente im Leben, bei denen dein Herz zu dir spricht. Dein Kopf sagt nein, aber du fühlst ein überzeugendes Gefühl in dir drin, das dir sagt, was du zu tun hast. In Momenten wie diesen gilt es sich auf die innere Stimme zu verlassen, selbst wenn die Vernunft nicht ganz damit einverstanden ist. Einer dieser Momente überkam mich während meiner Zeit in Laos. Genauer gesagt in einer Stadt namens Vang Vieng, die sich als eine meiner Lieblingsorte etabliert hat.

Hinter der Rezeption des Hostels hängte ein Bild mehrerer Heißluftballone, die während des Sonnenaufgangs in der Luft schweben. Für den restlichen Tag bekam ich dieses Bild nicht mehr aus dem Sinn, spürte das zuvor beschriebene Gefühl tief in meinem Herzen und war nur noch verwirrt. Wieso wollte ich plötzlich etwas ausprobieren, das ich mir zuvor niemals im Leben zugetraut hätte? Wieso interessierten mich die möglichen Gefahren plötzlich nicht mehr, die ich mir aus Angst ausgemalt hatte?

Auf diese Fragen fand ich zum besagten Zeitpunkt keine Antworten. Mir war aber klar, dass diese innere Überzeugung, die ich in mir hatte, eine tiefere Bedeutung haben musste. In diesem Zustand hatte ich keine Angst, sondern einzig und allein pure Sehnsucht. Nach diesem Gedankengang sagte ich zu Raffi: "Ich muss den Schritt wagen!", woraufhin er mich verwirrt ansah und an den Preis und meine Ängste erinnerte. Als hätte ich von 0 auf 100 meine Ansichten geändert, erklärte ich ihm, dass ich diese Heißluftballonfahrt in jedem Fall machen würde – mit ihm oder ohne ihn – komme was wolle. Meine Einstellung schien ihn zu überzeugen und brachte ihn dazu sich mir anzuschließen.

Infolgedessen meldeten wir uns für die Fahrt am nächsten Morgen an. Ich fühlte weiterhin keine Besorgnis, sondern ausschließlich reine Vorfreude. Am nächsten Morgen läutete um 05:00 Uhr der Wecker, woraufhin wir als kleine Gruppe von einem Pickup abgeholt und zu einem riesigen Parkplatz gefahren wurden. Wir hatten Angst, den Blick auf den Sonnenaufgang aus der Luft zu verpassen, weil eine Gruppe, die von einem anderen Hotel abgeholt werden sollte, nicht erschien, was uns viel Zeit kostete.

Beim Startplatz warteten zwei riesige, noch nicht aufgeblasene Ballons mit je einem Korb, der kleiner war als ursprünglich erwartet. Ein Team von 15 einheimischen Arbeitern sorgte für den beachtlich schnellen Aufbau. Wir beobachteten beeindruckt den ersten Ballon, als er vor uns fertig aufgeblasen war. "Ein Wahnsinn, wie riesig dieses Teil ist!", dachte ich mir dabei. Bei diesem Anblick hinterfragte ich plötzlich meine Entscheidung an dieser Aktivität teilzunehmen und begann wie aus dem Nichts nervös zu werden.

Unmittelbar danach hieß es, dass die ersten zehn Personen einsteigen konnten, zu denen unter anderem Raffi und ich zählten.

Von Minute zu Minute wurde meine Angst größer und das Geräusch des Brenners, der die heiße Luft in den Ballon leitete, lauter. Nichtsdestotrotz stand für mich fest, dass es kein Zurück mehr gab und ich die Fahrt durchziehen würde. Als ich noch schnell mein Handy aus dem Rucksack holen wollte, um den Start per Video festzuhalten, erkannte ich schlagartig, dass wir uns bereits fünf bis sechs Meter in der Luft befanden, ohne es überhaupt bemerkt zu haben!

Sobald ich in der Lage war die Situation, in der ich mich befand, zu realisieren, war meine Angst abrupt verschwunden und es fühlte sich an, als wäre sie nie vorhanden gewesen. Wir stiegen, stiegen und stiegen, bis wir uns an einem Punkt einige hundert Meter über dem Boden befanden. Die Aussicht raubte mir den Atem und es fühlte sich tatsächlich so an, als würde ich schweben. Der Himmel war zwar etwas bewölkt, weswegen wir im Endeffekt den Sonnenaufgang nicht zu Gesicht bekamen, aber das war für mich in diesen Minuten tatsächlich komplett irrelevant, denn ich befand mich in einem Stadium der puren Lebendigkeit.

Unglücklicherweise verging die Zeit sehr rasch. Die Landung war bis zum Schluss ein spannendes Ereignis, weil man nicht vorhersehen konnte, wo der Ballon im Endeffekt landen würde. Heute bin ich verdammt froh auf meine innere Stimme gehört und dem begleitenden Gefühl vertraut zu haben. Durch diese Erfahrung habe ich nicht nur einen riesigen Schritt aus meiner Komfortzone gemacht, sondern auch gelernt, dass sich Angst nur im Kopf abspielt und sich dadurch mit der richtigen Mentalität bezwingen lässt.

"Wenn man jeder Erfahrung die Chance gibt, sie zu einem Abenteuer zu verwandeln, entstehen die besten Geschichten."

Einige Wochen später, als ich allein in Indonesien unterwegs war, befand ich mich erneut in einer Situation, in der sich das zuvor beschriebene Gefühl der inneren Entschlossenheit wieder bemerkbar machte. Nach einer siebenstündigen Van-Fahrt, die um 06:00 Uhr startete, hielt der Fahrer um kurz nach 13:00 Uhr an der Ortsgrenze meiner nächsten Destination an. Bei diesem Ort handelte es sich um eine Gegend, an die es für gewöhnlich kaum Touristen verschlägt. Ohne der Empfehlung eines Einheimischen meiner vorigen Destination, wäre ich niemals auf diesen wenig-touristischen Ort aufmerksam geworden.

Als einziger europäischer Reisender neben ausschließlich Einheimischen im Auto wurde ich dazu aufgefordert einen "Eintrittspreis" zu zahlen, da es angeblich eine Ortstaxe gibt, die nur für ausländische Touristen in Kraft tritt. Empört und zugleich stur weigerte ich mich dafür zu zahlen und gab dabei nicht nach. Als die Herren an der Ortsgrenze bemerkten, dass ich nicht nachgeben würde und weder der Fahrer noch sie selbst Englisch sprechen konnten, ließen sie uns weiterfahren.

Der Fahrer blieb bei einer Reihe von kleinen Bungalows stehen und es stiegen alle Leute aus dem Wagen aus. Es sah hier meiner Meinung nach zwar eher wie eine Wohngegend aus, aber als ich den Fahrer fragte, ob hier mein Hostel sei und er dies nickend bejahte, stieg ich aus, schnappte meinen Rucksack aus dem Kofferraum und folgte dem Rest. Nach wenigen Sekunden wurde mir allerdings gesagt, dass dies, wie bereits gedacht, tatsächlich eine Wohngegend sei. Bevor der Fahrer den Motor wieder startete, schaffte ich es rechtzeitig zurück, um wieder einzusteigen. Da musste ich mich daran erinnern, dass es in diesen Ländern einige Leute gibt, die einfach "Yes" sagen und nicken, wenn sie einen nicht verstehen.

In den folgenden Minuten war ich sehr davon überzeugt davon, dass dieser Ort ziemlich abgelegen war, denn es konnte kaum jemand Englisch und die Gegend sah ziemlich nach Armut aus. Nachdem mich der Fahrer schlussendlich an der richtigen Stelle absetzte, fand ich nach einer kurzen Suche meine Unterkunft.

Mittags um 13:00 Uhr drehte ich gemeinsam mit einer Holländerin, die ich gerade in der Unterkunft kennengelernt hatte, eine Runde, um einen ersten Eindruck vom Dorf zu bekommen. Neben mir und zwei Britinnen war sie der einzige Gast im Gebäude. Zufälligerweise fand an jenem Tag ein Radrennen statt, dessen Aufmerksamkeit wir durch unsere bloße Anwesenheit auf uns lenkten. So ziemlich alle Anwesenden sahen uns an, als wären wir Außerirdische und wir wurden im Sekundentakt von irgendjemanden begrüßt, was zwar als nette Geste gemeint war, sich aber nach kürzester Zeit merkwürdig anfühlte. Im Anschluss aßen wir bei einem kleinen Stand am Straßenrand eine Hühnersuppe, zu der wir zusätzlich einen Tee bekamen und für beides zusammen gerade einmal 70 Cent zahlen mussten.

Um etwa 14:30 Uhr erzählte mir die Holländerin, deren Name Marin war, von ihrem vereinbarten Surfunterricht am Strand und bot mir an mich anzuschließen. Da ich zuvor noch nie in meinem Leben Wellensurfen gewesen bin, musste ich keine Sekunde lang über meine Entscheidung nachdenken und schloss mich ihr sofort an. Für wenig Geld bekam jeder von uns einen privaten Lehrer, der so gut wie jeden Tag seines bisherigen Lebens am Strand verbracht hatte.

Nach 15-minütiger Erklärung der Grundlagen ging es gleich ins Wasser. Ich versuchte ehrgeizig die Tipps des "Surfer-Dudes" von Anfang an umzusetzen, was allerdings alles andere als einfach war. Marin schlug sich zu Beginn noch etwas besser als ich, da es nicht ihre erste Surfstunde gewesen ist. Die ersten 20 Versuche am Brett aufzustehen, scheiterten bei mir kläglich. Jedes Mal verlor ich die Balance oder es ging etwas anderes schief. Nach jedem neuen Versuch erklärte mir der Lehrer meine Fehler und motivierte mich dazu weiterzumachen. Ich war sehr lernwillig und nahm jeden Rat zu Herzen.

Beim 21. Versuch gelang es mir erstmals auf das Brett zu steigen und surfte so lange, bis mich der Sand im seichten Wasser abbremste. Ein fantastisches Gefühl von Stolz und Freude überkam mich. In dieser Minute war ich vollgepumpt mit Dopamin und wollte es gleich wieder versuchen! Ab hier begann es richtig Spaß zu machen, denn plötzlich hatte ich den Dreh heraus. Mir wurde vom Lehrer von Mal zu Mal mehr zugetraut und ich startete von immer weiter hinter, wo die größeren Wellen auf mich warteten. "Wow, ich hätte echt nicht erwartet, dass du diese Welle stehst, die war wirklich groß und schnell unterwegs." – Zitat des Surflehrers. Das Surfen an sich machte mir bereits enorm Spaß, aber die Anerkennung des Lehrers zu bekommen, erfüllte mich zusätzlich mit Stolz.

Zu Beginn des Kurses war der Strand äußerst ruhig und leer, ab 16:00 Uhr jedoch vollgepackt mit hunderten von indonesischen Touristen. Später sah ich den Profis zu, die teilweise diverse Flips während des Surfens machten. An diesem Punkt erfuhr ich, dass dies als einer DER Surfer-Orte der Indonesier gilt und sich hier daher viele einheimische Touristen herumtreiben. Während sich der Strand immer mehr füllte, half ich Dano (der Name meines Surflehrers) bei seinem Kokosnussstand. Es war witzig mitanzusehen, wie begeistert die Gäste waren, als sie einen Europäer sahen, der ihnen drei Kokosnüsse gleichzeitig zum Tisch trug.

Dano erzählte mir einiges über sein Leben und die regionale Kultur. Er fing während seiner Volksschulzeit an zu arbeiten, um seiner Familie zusätzliches Geld zu verschaffen. Ich verstand das Ganze so, dass es seine Aufgabe war für Arbeiter in einer Höhle täglich stundenlang den Weg mit einer Taschenlampe zu leuchten. Als Nächstes erzählte er mir, dass die meisten Indonesier so gerne eine weiße Haut hätten, da sie für sie als Schönheitsideal gilt. Aus diesem Grund gibt es viele, die sich vor der Sonne so gut wie möglich verstecken, um so hell wie möglich zu bleiben. Da fiel mir sofort ein, dass Menschen in der Regel immer das haben wollen, was sie nicht haben, denn bei unserer Kultur ist es genau umgekehrt und die Menschen geben sich jeden Sommer viel Mühe, um möglichst viel Bräune zu bekommen.

Als Nächstes berichtete er mir stolz, dass er bereits sechs verschiedene Sprachen spricht, was für seinen Job notwendig sei. Es stellte sich allerdings heraus, dass es sich bis auf Englisch bei diesen Sprachen um verschiedene Dialekte der indonesischen Sprache handelte.

Der Nachmittag verging ungewöhnlich schnell und wir verstanden uns alle gut, sodass sich aus unserer Bekanntschaft ziemlich schnell eine Freundschaft entwickelte. Der andere Surflehrer, der auf den Namen "Yoga" hörte, holte Marin und mich wie nachmittags ausgemacht um 19:00 Uhr mit seinem Auto ab und brachte uns zu seinem liebsten Fischmarkt. Dort konnten wir uns unseren eigenen frisch gefangenen Fisch aussuchen, den wir uns alle gemeinsam teilten. Ohne zu übertreiben kann ich selbst aus heutiger Sicht sagen, dass dies der beste Fisch war, den ich je zuvor gegessen hatte!

Nach dem Geschmackserlebnis fuhren wir weiter in die sogenannte "Bamboo-Bar", wo unter anderem auch Live-Musik auf uns wartete. Eine Gruppe älterer, traditionell verschleierter Frauen, die offenbar den Spaß ihres Lebens hatten, ließ es richtig krachen. Sie forderten unsere Gruppe immer wieder zum Tanzen auf und der Moderator der Live-Show begrüßte uns im Namen aller Mitarbeiter und Gäste gefühlt alle 15 Minuten über das Mikrofon, was erneut dazu führte, dass die Aufmerksamkeit der Leute vollkommen auf unseren Tisch gerichtet war. Einem kleinen, molligen Sänger mit "motiviertem" Hüftschwung gelang es die Aufmerksamkeit von uns abzuwenden und sorgte mit seinen indonesischen Songs für gute Laune im ganzen Lokal.

Am nächsten Morgen startete für eine der britischen Backpackerinnen, Marin und mich die sogenannte "Green Canyon Tour", bei der man laut Angaben der Unterkunft einen großartigen Einblick in die Kultur bekommen würde. Dafür holten uns zwei Guides mit Motorrädern um 08:00 Uhr morgens ab und wir machten uns auf den Weg zu einem noch kleineren und abgelegeneren Dorf. Ich musste mich mit Marin beim Fahren abwechseln, was grundsätzlich selbstverständlich und kein Problem für mich war, allerdings fuhr sie noch nie zuvor mit einem Motorrad, was erklärte, wieso wir mehrmals fast umgekippt wären und die Chancen auf einen möglichen Unfall nicht unwahrscheinlich waren. In dem benachbarten Dorf bekamen wir erste Einblicke in das Leben der Dorfbewohner.

Die Tour-Guides brachten uns zu einem ihrer Freunde, der uns im Garten seines kleinen Zuhauses stolz seine Taube präsentierte, die für ihn bei Wettbewerben, in denen es zum Beispiel darum geht möglichst schnell von A nach B zu kommen, ins Rennen geht. Der Mann erklärte, dass man bei solchen Bewerben gutes Geld verdienen kann und diese ausgebildeten Vögel bis zu mehrere Tausend US-Dollar wert sein können!

Danach gingen wir alle gemeinsam zu einer Palme, die leicht eingehackte Stufen hatte, die es vereinfachen sollten, bis zu den Kokosnüssen hinaufzuklettern. Bis zu einer Höhe von fünf Meter durften wir das Klettern selbst ausprobieren. Dabei wurde der Spruch "Hati Hati", was so viel wie "Vorsichtig!" bedeutet, zum Motto des Tages. Der Freund der Tourguides erzählte uns, dass er jeden Morgen bei etwa 30 von diesen Palmen, ohne eingehackten Stufen, bis zur Spitze hochklettert. Der Grund dafür ist, dass sie dort Kübel aufhängen, die das Öl der Palmen einfangen, woraus später ein natürlicher Zucker gewonnen wird. Diesen verkosteten wir anschließend und ich musste feststellen, dass das eines der süßesten Lebensmittel war, die ich je probiert hatte. Meine Vermutung ist gewesen, dass es sich hierbei um Palmöl handeln müsste, aber da der

Einwohner keine Ahnung davon hatte, was mit diesem gesammelten Öl passiert, blieb meine Vermutung unbestätigt.

Der Mann erzählte uns außerdem, dass viele Leute beim Versuch diese Palmen hochzuklettern sterben, weil sie unabhängig von der Wetterlage und selbst bei großer Rutschgefahr auf die Palmen hinaufklettern. Zwei weitere faszinierende Fakten, die ich mir von dem Mann erzählen ließ, der uns sein Grundstück zeigte, waren, dass der letzte Regen bereits fünf Monate her war und es damals zehn Tage am Stück durchgeregnet hatte. Es fiel mir schwer darüber zu urteilen, welche Information mich am meisten zum Schweigen brachte...

Als Nächstes zeigte uns der Bewohner seinen Flughund, den sie verletzt aufgefunden und seither gepflegt und großgezogen hatten. Er war für den Mann wie ein Haustier. Um zu veranschaulichen, wie ruhig der Flughund war, hing der Mann ihn kopfüber an meinen rechten Arm, während der Flughund meine rechte Hand gezähmt ableckte. Es war ein irres Gefühl dieses prachtvolle Lebewesen an meinem Arm hängen zu haben.

Danach ging es weiter mit einer 50 Minuten andauernden Motorradfahrt durch die Natur...einfach wunderschön. Zwischendurch blieben wir immer wieder stehen und die Guides zeigten uns verschiedenste exotische Pflanzen. Beim sogenannten "Green Valley" angekommen, wanderten wir eine Weile durch den

Wald, um möglichst weit weg von den Menschenmassen zu kommen. Bei einem Fluss angekommen realisierte ich, dass wir die Einzigen weit und breit waren. Überall befanden sich riesige Felsen, das Wasser war glasklar und es gab einen wunderschönen Wasserfall. Zum ersten Mal im Leben probierte ich es von einem mehrere Meter hohen Felsen aus ins Wasser zu springen, was mich viel Mut kostete. Dennoch stellte ich mich meiner noch vorhandenen Höhenangst und es fühlte sich großartig an.

Die Guides waren richtig cool drauf. Sie konnten vereinzelte deutsche Wörter und zeigten einen guten Sinn für Humor. Einer der beiden zog sich seine Badehaube über den Kopf und sprang mit uns ins Wasser. Aufgrund seines Lachens, seines Körpers und Charakters, erinnerte mich der Kerl ehrlich gesagt an Pumba von König der Löwen. Der andere blieb im Trockenen und wurde von mir im Kopf als Timon ergänzt.

Nach einer Weile bewegten wir uns den Fluss entlang, legten uns im seichten Wasser auf flache Steine und genossen unsere gemeinsame Zeit. Danach schwammen beziehungsweise bewegten wir uns im Wasser flussabwärts. An einem bestimmten Punkt gelangten wir zu einem Wasserfall, über den wir springen mussten und schwammen anschließend in eine Höhle, die sich hinter dem Wasserfall befand. Der Spaß hörte zu diesem Zeitpunkt aber noch nicht auf, denn danach ließen wir uns mehrmals mit Lianen ins Wasser schwingen und im Anschluss hielten wir unsere Füße in einen Teil des Flusses, wo sogenannte "Garra Rufa Fische" lebten, die an unseren Füßen knabberten. Diese werden bekanntlich in SPAs zur Fußpflege verwendet. Zugegeben bin ich an diesem Körperteil sehr kitzelig, was dazu führte, dass ich so herzhaft wie selten lachte. Am Weg zum sogenannten "Green Canyon" aßen wir in einem Restaurant zu Mittag, bei dem ich für einen genial schmeckenden, gegrillten Fisch mit Reis nicht einmal zwei Euro zahlen musste.

Wer schon einmal Canyoning war, weiß was mich als Nächstes beim Green Canyon erwartete. Zuerst wurden wir mit einem Boot eine Weile durch einen Fluss gefahren, der links und rechts von wunderschöner Landschaft umgeben war. Ein purer Genuss! Angekommen, mussten wir uns Schwimmwesten anziehen und schwammen diesmal in einem tieferen Fluss dem Guide hinterher. Im Wasser befand sich ein Seil, an dem man sich super voranziehen und ein richtig schnelles Tempo im Wasser erreichen konnte.

Wir blieben unter einer Klippe stehen, vor der sich mehrere Einheimische ansammelten. Sofort meldete ich mich, um zu springen und kletterte die Klippe hinauf. Von dieser Entscheidung war ich selbst verwundert, aber genau wie damals bei der Heißluftballonfahrt in Laos gab mir wieder eine innere Stimme die Überzeugungskraft, diesen Sprung aus der Komfortzone, ohne viel darüber nachzudenken, durchzuziehen. Die Höhe von etwa 8 Metern mag für die ein oder andere Person zwar ein Klacks sein, aber sie löste in mir definitiv Angst aus, die im gesamten Körper zu spüren war. Es ist schwer zu sagen, ob es meine Zähne oder meine Beine waren, die in dieser Situation mehr zitterten. Der Guide zeigte mir, in welchem Bereich ich landen musste, um auf keine Steine zu springen und wenige Sekunden später sprang ich einfach ohne weiter nachzudenken.

Es war der mutigste Sprung meines bisherigen Lebens und ich fühlte mich unsterblich, als ich wiederauftauchte und alle Leute, die zusahen, zum Klatschen und Jubeln begonnen hatten! Dieser Tag der Überwindungen machte mich mutiger, abenteuerlicher und anderen Kulturen gegenüber verständnisvoller und zählt damit für mich als einer der Tage, die mich während dieser Reise am allermeisten prägten. Mit einem richtig guten Gefühl der Unaufhaltbarkeit konnte ich mich noch am selben Abend bei all meinen neuen Bekanntschaften, die ich an diesem Ort machen durfte, verabschieden und mich mit dem Nachtbus in das nächste Abenteuer in einen neuen Ort stürzen.

> *"Wenn man erst sieht, wie ein Leben ohne Geld aussehen könnte, beginnt man plötzlich alles zu hinterfragen."*

Eine ähnliche Dimension der Prägung und Abenteuerlust verschaffte mir auch das folgende Erlebnis. Es handelte sich dabei um meine erste mehrtägige Wandertour und zugleich das erste mehrtägige

Abenteuer meiner Reise. Diese Geschichte fand im Norden Thailands statt, genauer gesagt in Chiang Mai. Raffi und ich wurden von unserer Unterkunft um 09:15 Uhr abgeholt, woraufhin der Rest der Reisegruppe nach und nach von anderen Hostels eingesammelt wurde.

In unserer bunt gemischten Gruppe gab es Backpacker aus Deutschland, den USA, Mexiko, Spanien, Polen, Frankreich, Russland und logischerweise Österreich. Der vollgestopfte Pickup, ohne jeglichen Platz für Beine und Schultern, transportierte uns vier Stunden lang zu einem Fluss mitten im Dschungel, wo das Abenteuer offiziell startete. Es ging los mit "Bamboo-Rafting", also im Prinzip eine gemütliche Flussfahrt durch den Regenwald auf einem Bambusfloss. Dadurch, dass wir zu fünft auf diesem Floss saßen, sank es teilweise zur Hälfte ein und wir bekamen das kalte, teils schlammige Flusswasser mit voller Begeisterung zu genießen.

Nach etwa einer Stunde gingen wir wieder an Land, wo jeder einen Plastiksack voller Eierreis mit Gemüse bekam, und im Anschluss fingen wir an zu wandern. Es dauerte gerade einmal 20 Minuten, bis die ersten Leute vor Anstrengung langsam verzweifelten und eingingen, weil es dauerhaft bergauf ging. Das Tempo wurde also etwas reduziert, was mich dennoch nicht davon abhielt in ein riesiges Spinnennetz zu laufen. In derselben Sekunde drehte ich mich rasch um 180 Grad und erblickte die größte Spinne, die ich je in meinem Leben gesehen hatte. Sie war etwa so groß wie meine Hand und hatte die Farben Gelb, Braun und Schwarz. Mein Herz pochte, da ich daran denken musste, dass sie beinahe auf meinem Kopf gelandet wäre.

Der Guide bemerkte, wie alle stehenblieben und die Spinne betrachteten, ging ein paar Schritte zu uns zurück und nahm sie beinhart in die Hand. Er meinte sie wäre ungefährlich und wollte sie als Beweis Raffi in die Hand legen. Sie sprang allerdings blitzschnell auf den Boden herab, wodurch bewiesen werden konnte, dass das Insektenspray, das Raffi auf seine Haut gesprüht hatte, sein Geld wert war.

Ein paar Minuten später hielt der Guide an einem Baum an und begann Feuerameisen zu essen, die frei herumkrabbelten. Er meinte sie schmecken gut und sind ungefährlich, solange man sie schnell zerbeißt. Mein Vertrauen zu ihm war bereits durch die Aktion mit der großen Spinne aufgebaut, weshalb ich seinem Tipp folgte und selbst welche probierte. Es war kaum zu glauben, aber die Feuerameisen schmeckten tatsächlich nicht schlecht. Genauer gesagt nach Zitrone. In jenem Moment fühlte ich mich wie einer dieser Überlebenskünstler aus dem Fernsehen, die wirken, als wären sie in der Wildnis großgeworden.

Nach vier Stunden Wandern kamen wir in einem kleinen "Dörflein" an, wo wir sofort von den Bewohnern empfangen wurden. Wir wurden zu einem Tisch gebracht, vor den sich die Mütter und

Töchter hinknieten und uns ihre Körbchen mit selbstgemachtem Schmuck präsentierten. Zuerst war noch alles ruhig und wir waren uns nicht ganz klar, was als Nächstes geschehen würde. Nach kurzer Zeit standen sie alle gemeinsam auf, kamen auf uns zu und jeder von uns bekam mehrere Armbänder in die Hand gedrückt.

Wie sich herausstellte, wird alle paar Tage eine Gruppe junger Backpacker zu ihnen gebracht, somit hatten sie schon ein vorgefertigtes Bild von uns und einen geregelten Ablauf im Kopf. Ich wollte den Leuten etwas Gutes tun, also kaufte ich ihnen drei Armbänder für meine Familie ab und gab einem kleinen Mädchen noch etwas Geld für ihre Familie. Es war ein Genuss, das Strahlen der Kinder mitanzusehen.

Das Dorf bestand aus insgesamt sechs Hütten und einem Bauernhof, mit dem es den Bewohnern gelingt, sich von der Außenwelt größtenteils abzuschotten und sich selbstständig zu versorgen. Arbeit, Freizeit und deren gesamtes Leben findet zu 95 Prozent in diesem Teil des Dschungels statt und es handelt sich um eine Seltenheit, wenn einer von ihnen in die nächste Zivilisation fährt, um Wichtiges zu besorgen. Für mich war es besonders faszinierend ein kleingehaltenes System zu sehen, in dem kein Handelsmittel existiert und stattdessen die gesamte Grundlage des hier stattfindenden Lebens auf Gemeinsamkeit, Vertrauen und Zusammenhalt basiert.

Das Geld, das diese Bewohner durch Einnahmen von Reisenden bekommen, wird ausschließlich für Besorgungen in der Zivilisation ausgegeben. Jedes Mal, wenn ich darüber nachdenke, löst das Faszination in mir aus und ich frage mich, wie die Welt aussehen würde, wenn die gesamte Menschheit diese Prinzipien vertreten würde. Eine Vorstellung, die wohl niemals mehr als eine Vorstellung sein wird.

Die Übernachtung fand in einer Holzhütte statt, die prinzipiell nur aus einem größeren Raum bestand, wo für uns dünne Matratzen, über die ein Moskitonetz gespannt war, vorbereitet lagen. Als wir den Raum zum ersten Mal betraten, wollte sich einer der Franzosen direkt auf eines der noch zusammengespannten Moskitonetze legen, weil er dachte, es sei eine Hängematte…mit dieser Aktion kreierte er bereits einen nicht allzu guten Eindruck…

Bevor für uns gekocht wurde, zeigte uns der Guide, welcher im Übrigen der einzige Local war, der Englisch sprechen konnte, das Plumpsklo und die Dusche, die unmittelbar daneben war und dementsprechend streng roch. Das Abendessen war ein fantastisches Curry mit Reis. Einzig schade fand ich nur, dass sich die Bewohner abends zurückzogen, denn ich hatte gehofft wir würden mit ihnen gemeinsam sitzen. Nach dem Essen brachten wir unserem Guide das Kartenspiel "UNO" bei und machten anschließend ein Lagerfeuer unter dem sternenklaren Himmel.

In jener Nacht widerfuhr mir der vermutlich größte Schreck meines Lebens. Es waren bereits alle im Tiefschlaf, als um 03:00 Uhr nachts plötzlich eine Person so wahnsinnig hoch und laut zu kreischen anfing, als wäre jemand erstochen worden oder Ähnliches. So wie wahrscheinlich alle anderen in dem Zimmer auch wachte ich mit heftigem Herzklopfen auf und wusste nicht, was geschieht. Es folgten Sekunden purer Stille, bis die Russin fragte, ob es allen gut ging. Ein paar antworteten mit "Yes", der Rest war noch in einer Schockstarre gefangen.

Kurz danach sagte sie, dass sie Angst hätte und wir alle einmal durchzählen sollten, was nicht ganz funktionierte, da es stockdunkel war und niemand etwas sehen konnte. Die Person, die den Schrei verursachte, hielt sich bedeckt, aber es schien, als wären wir noch vollzählig und als ginge es allen gut. Ich weiß bis heute nicht, wer für diesen Schrei verantwortlich war, aber am nächsten Morgen behauptete eine Hand voll Leute, dass es der Franzose gewesen sei, der sich zuvor noch in das Moskitonetz legen wollte. Damit hatte ich ursprünglich gar nicht gerechnet, weil die Tonlage des Schreis sehr hoch war. So oder so dauerte es eine Weile, bis ich wieder ruhig schlafen konnte und es mir gelang, die Angst, noch einmal so schrecklich aus dem Schlaf geweckt zu werden, zu verdrängen.

Am nächsten Vormittag trennte sich der Teil der Gruppe, dem die Tour zu anstrengend wurde, von den Übriggebliebenen und fuhr wieder zurück nach Chiang Mai. Dadurch kamen wir diesmal schneller voran und wanderten erstmal wieder drei Stunden lang durch den Dschungel. Eine schöne Zeit, in der man super abschalten und in den eigenen Gedanken schweben konnte…herrlich!

Kurzzeitig wurde mein inneres Chi durch eine der Franzosen gestört, die sich einbildete sie müsse von ihrem Handy französischen Rap in der Natur abspielen. Ich spielte daraufhin mit dem Gedanken ihr wütend meine Meinung zu sagen, aber nachdem sie vermutlich sowieso nur jedes dritte Wort verstanden hätte, spielte ich stattdessen einfach das Schlusslicht und ließ mich ganz weit nach hinten fallen, um genug Abstand zu halten, bis ich die Musik nicht mehr hören konnte.

Der Guide zeigte uns immer wieder exotische Früchte, die wir ausprobieren konnten, aber die Verkostung der lebendigen Ameisen konnte nichts mehr toppen. Mittags bekamen wir eine selbstgemachte Ramen-Suppe in einem kleinen Walddorf zu essen und nachmittags ging es wieder weiter mit der Wanderung. Um kurz nach 17:00 Uhr kamen wir bereits an unserem neuen Schlafplatz an und verbrachten hier den Rest des Tages. Nach einer Weile kam etwas Langweile in Raffi und mir hoch, also entschieden wir uns etwas Neues auszuprobieren: Meditieren.

Dafür gingen wir einen kleinen Weg entlang, bis wir bei einem wunderschönen Wasserfall ankamen, bei dem ich zuvor noch meine Katzenwäsche vollzogen hatte und in dessen Nähe sich jeder einen gemütlichen Platz suchte. Nachdem wir beide noch nie zuvor meditiert hatten, verließen wir uns auf unser eingeschränktes Know-How und versuchten uns einfach einmal zehn Minuten lang auf nichts anderes als unsere Atmung zu konzentrieren. Während dieser Erfahrung wurde mir erst bewusst, wie lang sich 600 Sekunden tatsächlich anfühlen können und wie schwierig es ist die eigenen Gedanken loszulassen.

Abends nach dem Essen setzte ich mich, während alle anderen wieder diverse Kartenspiele spielten, zum Guide, der allein beim Lagerfeuer saß. Der Himmel sah erneut sternenklar aus und es begann ein bedeutungsvolles Gespräch für mich, in dem er mir einiges über sein Leben erzählte. Zum Beispiel, dass er noch nie außerhalb Thailands gewesen war, was für uns Europäer nahezu unvorstellbar ist. Als ich ihn daraufhin fragte, wohin er am allerliebsten einmal reisen wollen würde, wenn er die Möglichkeiten dafür hätte, war seine Antwort Bangkok.

Ich fragte ihn, wieso er genau in die Hauptstadt seines eigenen Landes fahren wollen würde, wenn er genauso ans andere Ende der Welt fliegen könnte. Da begann er mir zu erklären, dass das Mädchen, in das er zu seiner Jugendzeit so verliebt war, vor einigen Jahren nach Bangkok ziehen musste und es sein größter Wunsch sei sie eines Tages wieder sehen zu können. Am Weg zu diesem Ziel lagen allerdings einige Hindernisse, die ihn bisher davon abgehalten hatten, sie zu besuchen. Er meinte, er könne es sich nicht leisten ein paar Tage nicht zu arbeiten und dass er so etwas wie Urlaub noch nie gemacht hatte.

Mit diesen Worten ließ er mich stillschweigen und brachte mich dazu über einiges nachzudenken. Wieso werde ich mit den Möglichkeiten geboren mit 20 Jahren um die ganze Welt zu fliegen, während dieser Mann mit seinen geschätzten 35 Jahren nicht einmal die Möglichkeit bekommt, 700 Kilometer weiter südlich, das Mädchen seiner Träume zu besuchen? Da wurde mir klar, dass das Leben einfach nicht fair ist und wir nicht ausschließlich unsere Möglichkeiten für uns selbst nutzen sollten. Wichtig ist, dass man die eigenen Möglichkeiten wertschätzt und die Situationen im Leben, in denen man die Möglichkeit hat, etwas zurückzugeben erkennt, um anderen Menschen zu helfen. Diese Gedanken begleiteten mich für den restlichen Abend.

Vor dem Schlafengehen ging ich im Dunklen aufs Klo, welches erneut ein Plumpsklo war, über das man sich jedes Mal hocken musste und entdeckte mit meiner Handytaschenlampe erneut eine richtig große Spinne, bei der es sich diesmal jedoch um eine andere Gattung handelte. Meine Idee war es sie zu fotografieren, um den Guide später danach zu fragen. Das Problem allerdings war, dass sobald ich die Handykamera anmachte, das Licht der Taschenlampe ausging und ich nichts mehr sah! Sekunden vergingen, bis ich das Blitzlicht aktivieren konnte und auf gut Glück, ohne etwas zu sehen ein Foto schoss.

Zu diesem Zeitpunkt war die Spinne allerdings nicht mehr auf derselben Stelle, wie zuvor und ich konnte sie nicht mehr sehen, was mir kurz einen Schreck einjagte. Kamera aus – Licht an und ich entdeckte sie am Türgriff. Beim erneuten Versuch sie im Dunkeln zu fotografieren war ich erfolgreich. Daraufhin bewegte sie sich allerdings in das Hüttenklo hinein, weshalb ich mich zum Wohle meiner eigenen Sicherheit dazu entschied, einfach im Gras Wasser zu lassen und anschließend zurück zu der Gruppe ging.

Als ich dann dem Guide das Foto zeigte, meinte er, dass sie gefährlich und giftig sei! Daraufhin sicherten sich Raffi und ich uns für die Nacht ab, da wir schließlich im Freien schliefen und nicht wussten, welch andere giftigen Tiere noch so in den Büschen lauern könnten. Wir schützten uns, indem wir unsere löchrigen Moskitonetze mit viel Insektenspray einsprühten, was sich am nächsten Morgen als guter, taktischer Zug erwies, denn beim Erwachen entdeckte ich eine dicke, mittelgroße, tote schwarze Spinne auf meinem Netz liegen, die wohl beim Versuch zu mir hineinzukrabbeln starb.

Der letzte Tag der Tour war angebrochen und wir starteten auch diesen mit einer mehrstündigen Wanderung bis zum Mittagessen. Danach wurden wir mit einem Pickup abgeholt und zu einem sogenannten "Elephant Sanctuary", also einem ethischen Öko-Schutzgebiet für Elefanten gebracht, bei dem der Großteil der

Einnahmen dafür verwendet wird, dass die Elefanten geschützt, gefüttert und tierärztlich versorgt werden. Hier bekamen wir die Möglichkeit diese wundervollen, riesigen Geschöpfe zu füttern, zu streicheln und sogar zu baden! Ein idealer Abschluss der Dschungeltour, der perfekt wurde, als Raffi und ich nach gemeinsamer Absprache Geld zusammenlegten, mit dem unser Tourguide seiner ersehnten Zugfahrt nach Bangkok einen Schritt näherkommen konnte. Wir ermutigten ihn dazu, den Schritt zu wagen und das Mädchen, von dem er erzählte, zu besuchen. Ich werde seinen Gesichtsausdruck, den er in dieser Situation hatte, niemals vergessen.

Abgesehen von all den Erfahrungen, die mir dieses drei-tägige Abenteuer ermöglichte, konnte ich auch einiges dazulernen. Mir wurde klar, dass man aus einem Erlebnis viel mehr herausholen kann, wenn man in jeder Möglichkeit eine Chance sieht und zu möglichst allem Ja sagt. Mir wurde klar, dass Langeweile grundsätzlich nur ein Zustand ist, in dem man sich hineinfallen lässt. Mir wurde klar, dass die eigene Stimmung nur dann versaut wird, wenn man dies zulässt und mir wurde klar, dass man sehr viele Entscheidungen im alltäglichen Leben selbst in der Hand hat.

> *"Das Problem ist oft nicht einmal das Problem selbst."*

Nach dreieinhalb Monaten in Südostasien schlug es mich in ein Land, das ich schon immer einmal mit dem Rucksack bereisen wollte und allgemein vermutlich DAS Backpackerland ist: Australien. Insgesamt verbrachte ich fünf Wochen in diesem außergewöhnlichen Land und am liebsten hätte ich fünf weitere drangehängt. Als letztes gemeinsames Abenteuer entschieden sich Raffi und ich ein paar Wochen zuvor, einen Campervan zu mieten, um den nördlichen Teil der Ostküste damit abzufahren. Über eine Facebook Gruppe lernten wir einen Deutschen kennen, der auf den Namen Fabian hört und bereit war, sich diesem Roadtrip anzuschließen. Zu dritt borgten wir uns also einen Van in der Stadt "Cairns" aus, um innerhalb von 19 Tagen über 1700 Kilometer bis nach Brisbane zurückzulegen. Von Beginn an war klar, dass eines der wichtigsten Ziele der Reise das weltbekannte Great Barrier Reef war, welches sich über rund 2300 Kilometer erstreckt.

Es war 07:00 Uhr morgens und obwohl mich der gefühlt nervigste Vogel der Welt mit seinen merkwürdigen Lauten ewig wachhielt und mich bis in meine Träume verfolgte, war ich bereit für ein Abenteuer. Am Hafen in Cairns fuhr uns die Bootscrew gemeinsam mit etwa 40 anderen Touristen, die bereit zum Schnorcheln beziehungsweise Tauchen waren, zum atemberaubenden Weltkulturerbe. Ich bekam kurz ein mulmiges Gefühl im Magen, als ich einen Notfallkontakt beim

Einchecken angeben musste. Der Gedanke darüber, wen sie am besten anrufen sollen, wenn ich bei diesem Ausflug draufgehe, war alles andere als schön, verging aber rasch wieder.

Es folgte eine wackelige, zweistündige Bootsfahrt, in der mir zugegeben etwas unwohl wurde. Bis zum heutigen Tag bin ich mir nicht sicher, ob ich mich als seekrank einstufen soll oder nicht. Denn einerseits weigere ich mich eine Krankheit anzukennen und abgesehen davon musste ich mich tatsächlich noch nie während einer Bootsfahrt übergeben. Andererseits hatte ich bereits sehr oft das Gefühl kurz davor zu stehen und richtig wohl habe ich mich auf einem Boot eigentlich nie gefühlt. Mit der richtigen gedanklichen Ablenkung und den Fokus auf das bevorstehende Erlebnis, gelang es mir auch diesmal den Kampf gegen Kopfschmerzen und Schwindelgefühl bis zur Ankunft am Zielpunkt zu gewinnen.

Jeder bekam einen Neoprenanzug, Flossen und Schnorchel und alle reihten sich nacheinander auf. Bei der Einschulung wurde uns gesagt, was wir tun sollten und was nicht. Hauptsächlich handelte es sich dabei um Fakten, die sowieso logisch waren, wie zum Beispiel nicht zu weit hinausschwimmen oder wie man sich verhalten soll, wenn man bestimmten Lebewesen im Wasser begegnet. Außerdem machten sie uns auf Gefahren wie Quallen oder Haie aufmerksam.

Bei diesem Tipp kam mir sofort in den Sinn, dass man sagt, dass Haie Menschen im Normalfall in Ruhe lassen, solange sie kein Blut riechen. Zugegeben, ich war etwas nervös, allerdings schienen alle anderen Passagiere deutlich angespannter zu sein. Vor allem die indische Großgruppe, die den Anschein hatte, als würden sie zum ersten Mal schwimmen. Die meisten nahmen sich zusätzliche Hilfsmittel mit ins Wasser, wie eine Rettungsjacke, Schwimmnudeln, Schwimmreifen oder einen persönlichen Betreuer. Ein paar von ihnen bestanden sogar auf die Kombination von allem zusammen.

In dieser Situation nahm ich mir vor nicht allzu viel über mögliche Gefahren nachzudenken und stattdessen wortwörtlich einfach ins kalte Wasser zu springen. Es war eine unglaubliche Erfahrung einmal mit eigenen Augen eine richtige Unterwasserwelt zu sehen. Große, kleine, dicke, dünne, bunte und getarnte Fische, eine Schildkröte und ein wunderschönes Korallenriff, es war echt alles dabei. Kurz erschreckte ich mich, als ich eine Qualle einen halben Meter von mir entfernt entdeckte, dieser konnte ich allerdings gekonnt ausweichen.

Nach einer halben Stunde an aufregenden Erkundungen war es so weit: Die Haie kamen. Zu diesem Zeitpunkt lernte ich, dass das besagte Problem oft nicht das wahre Problem ist. Wieso? Weil die Haie harmlos umherschwammen und keiner Fliege etwas antaten. Viel gefährlicher hingegen waren die panischen Inder, die meinten, es würde helfen "Sharks! Sharks!" herumzuschreien, während sie mit ihren hektischen Flossen den anderen Touristen ins Gesicht traten. Da wurde es für mich offiziell:

1) Die größte Gefahr beim Schnorcheln sind nicht die Haie, sondern die anderen Schnorchler.

2) Glaub nicht alles, was du in Filmen siehst.

3) Unser Gehirn hat Schwierigkeiten damit, eingebildete Gefahr von realer Gefahr zu unterscheiden. Sprich, nur weil man glaubt in Gefahr zu sein, bedeutet das nicht, dass man sich tatsächlich in Gefahr befindet.

> *"Selbstbewusstsein ist gut, aber man sollte sich nicht überschätzen."*

"Heute ist Surftag!", rief ich, während Raffi und ich an einem frühen Nachmittag in Indonesien gerade mit einem Motorboot von einem Einheimischen zu einem Ort gebracht wurden, bei dem es laut seinen Angaben "ideale" Wellen für Surf-Anfänger gibt. Als wir uns zuvor noch unsere ausgeborgten Surfboards aussuchten, riet uns der Mann ein kleineres Board als das für absolute Beginner zu nehmen, wenn wir vorhaben, uns zu verbessern. Es war sowohl für Raffi als auch für mich gerade einmal das zweite Mal im Leben auf einem Surfboard, aber die Worte des Mannes klangen nachvollziehbar, also suchten wir uns eine schwierigere Größe aus.

Ein paar hundert Meter vom nächsten Strand entfernt stellte unser Bootstyp mitten im Meer den Motor aus, wo weit und breit keine Menschenseele zu finden war. Als ich ihn fragte, wieso er den Motor ausgemacht hatte und wir offensichtlich noch nicht am Strand angekommen waren, antwortete er mit den Worten "Waves here.". Es dauerte kurz, bis ich realisierte, dass es für uns tatsächlich nicht zum Strand ging, sondern, dass das Surfen mitten im Meer stattfinden würde. "Das ist doch verrückt!", sagte ich zu Raffi, der bereits am Weg ins Wasser war.

Ich nahm mir ein Herz und folgte ihm, woraufhin wir im (für Asien) ungewohnt kalten Meereswasser einige Meter vom Boot wegpaddelten. Aus der Ferne erkannten wir bereits in den ersten Sekunden eine große Welle, die auf uns zukam. Mit viel Selbstbewusstsein fing ich an kräftig zu paddeln und versuchte aufzustehen, kurz bevor sie direkt hinter mir war. Trotz gutem Timing war ich chancenlos.

Nachdem ich für eine geschätzte Sekunde am Board stand, riss mich die Welle, die größer war als ich, vom Surfbrett hinunter und fing an das Brett und mich wie in einer Waschmaschine herumzuschleudern. Meine Orientierung war plötzlich nicht mehr vorhanden, ich hatte keine Ahnung wie ich wieder an die Oberfläche gelangen würde und war für einige Sekunden im Wasser gefangen. Etwa eine Sekunde nachdem es mir gelungen war, wieder Luft zu schnappen, kam bereits die nächste große Welle auf mich zu. Auch diese drängte mich unter Wasser, spülte mich und mein Board, das an meinem Bein befestigt war, hin, her, auf und ab, wie es ihr gefiel und erneut musste ich einige Sekunden panisch den Atem anhalten.

Schlussendlich gelang es mir erneut an die Oberfläche zu kommen und diesmal war ich in der Lage mich auf mein Surfboard zu retten. "WHAT THE FUCK", schrie ich mit rasendem Herzen Raffi zu, der bereits gute 30 Meter von mir entfernt weggespült worden war. Nicht einmal bei diesem Schrei schenkte der Bootsfahrer uns seine Beachtung, der friedlich im Boot saß und vor sich hin angelte. Ich war mir sicher, dass er nichts davon mitbekommen hätte, wenn einer von uns ertrunken wäre. Als ich wieder zurück zu ihm schwamm und behauptete, dass dies niemals die Anfängerwellen sein können, war er dennoch überzeugt davon, dass es in der Gegend keine einfacheren Wellen zum Surfen gäbe.

Daraufhin legte ich eine kurze Pause ein und bot ihm an mich zehn Minuten lang von der Leichtigkeit dieser Wellen zu überzeugen. Gemütlich auf dem Boot bei rund 34 Grad Celsius liegend beobachtete ich ihn, wie auch er nicht in der Lage war die Wellen zu bändigen und bei jedem Versuch zu Surfen scheiterte.

Als sich das Wasser beruhigte und die Wellen kleiner wurden, fand ich heraus, dass unsere erbärmlichen Fehlversuche nicht zwingend an der Größe der Wellen lagen, sondern das Problem eher an dem Level des Boards lag, bei dem wir einfach keinen Halt hatten und es viel schwieriger war die Balance zu halten. Übung macht bekanntlich den Meister, daher versuchte ich es zwei Stunden lang kläglich eine Welle zu bändigen. Trotz der vorhandenen Hautirritationen auf den

Beinen und den bereits schwach gewordenen Armen gaben wir nicht auf und nahmen uns vor, es zumindest einmal schaffen zu müssen.

Zu diesem Zeitpunkt waren an unserem Spot bereits zwölf weitere Surfer angekommen. Der Unterschied zu uns: Sie alle waren erfahrene Surfer, die mit den schwierigsten Boards jede Welle ritten. Laut Raffi sah einer von ihnen aus, als wäre er Poseidon, dem "im Prinzip das Meer gehört und der entscheidet, wann eine Welle kommen soll". Einen richtigen Klischee-Moment werde ich nie vergessen. Das Bild, das ich vor mir hatte, war wie in Filmen, wo jeder einzelne "Surfer-Dude" einer Gruppe von Profis mit den Beinen links und rechts gespreizt am Surfboard sitzt und auf die perfekte Welle wartet.

Bei meiner letzten Welle hockte ich mich lediglich auf das Brett drauf und wartete, bis eine Welle kam. Tatsächlich beförderte mich diese 30-40 Meter weit mit einem enormen Tempo seitlich entlang. In meinen Augen gut genug, um das als Erfolg gelten zu lassen, der sich nebenbei bemerkt richtig gut anfühlte! Bei der Fahrt zurück ins Dorf wurde mir klar, dass zu viel Überzeugung vom eigenen Können auch nicht gut ist und es in gewissen Situationen nicht schlecht wäre, sich genauer zu informieren. Fakt ist, so schnell borgte ich mir kein kleineres Surfbrett mehr aus.

Zugegeben, Wassersportarten sind nicht meine liebsten, aber Dank meiner Surfabenteuer wurde mir die Bewegung im Wasser immer sympathischer. Daher entschied ich mich während meiner Zeit in Neuseeland etwas zu tun, wovon vermutlich niemand Zuhause jemals zuvor ein Wort gehört hat: Riverboarding.

Ich befand mich zu diesem Zeitpunkt auf der Südinsel Neuseelands, genauer gesagt in Queenstown, wo die Sportart ihren Ursprung hat. Queenstown ist, für die, die es nicht wissen, DIE Stadt der Extremsportarten. Man kann an diesem Ort Bungeejumpen, Skydiven, Raften, einen Helikopter-Hike machen und alles andere tun, was das Herz kurzzeitig zum Stillstand bringt. Ich war bereit hier eine Once-in-a-lifetime Aktivität zu machen und verbrachte Tage damit mir eine auszusuchen. Irgendwann kam mir meine Bucketlist im Gedächtnis hoch, auf der unter anderem der Punkt "Traue dich etwas zu tun, was noch keiner deines Bekanntenkreises getan hat" zu finden war.

Als ich in einem lokalen Reisebüro einen Mitarbeiter meinen Wunsch äußerte, etwas komplett Einzigartiges erleben zu wollen, begann er mir von Riverboarding zu erzählen. Dabei bekommt man ein kleines Brett aus Schaumstoff, einen Neoprenanzug, einen Helm und ein Paar Flossen. Mit der angezogenen Ausrüstung und dem nicht einmal 50 Zentimeter großen Brett begibt man sich in einen

Wildwasserfluss und lässt sich, von der teilweise sehr starken Strömung den Fluss entlangtreiben. Steuern kann man das ganze lediglich mit den Füßen und das wichtigste dabei ist es, möglichst zentral zu bleiben, um sich nicht an Felsen oder Baumstämmen, die sich am Rande des Flusses befinden, zu verletzen. Ich wusste, dass diese Aktivität die richtige war und wählte nach dem Motto "Wenn schon, denn schon!" die herausforderndste der drei möglichen Schwierigkeitsstufen aus.

Nach einer kurzen Einschulung des Guides, der nebenbei bemerkt ein richtig klassisch neuseeländischer Dude war, wurden alle Teilnehmer zum Bach gefahren. Dort übten wir fünf Minuten lang die uns in der Theorie beigebrachte Technik und schon ging es los. Die Nervosität war gegeben und wurde definitiv nicht weniger, als der Guide erzählte, dass es ein Wasserhoch von neun Metern gibt und die Strömung an diesem Tag besonders stark sei. Wie ich aber auch bei diesem Abenteuer lernte, kommt nach der Aufregung der Genuss. Nachdem ich die ersten Minuten hilflos herumgezappelt bin und mich immer wieder im Kreis gedreht hatte, hatte ich den Bogen heraus und konnte das angesammelte Adrenalin in pure Lebensfreude umwandeln. Während die meisten anderen Teilnehmer noch zu sehr auf die Hilfe der anderen Guides angewiesen waren, zeigte mir der leitende Dude sogar den ein oder anderen Trick auf dem Board, den ich nach einer Weile des Übens auch anwenden konnte!

Auch dieses Erlebnis wird mir auf ewig in Erinnerung bleiben und hat mir einmal wieder gezeigt, dass der Mut Neues auszuprobieren oftmals belohnt wird.

> *"In der Gruppe zu reisen macht Spaß, allein zu reisen macht mutig."*

Wer gut aufgepasst hat, hat vielleicht schon gemerkt, dass mein Freund Raffi nicht in jeder Geschichte auftaucht. Das ist darauf zurückzuführen, dass sich unsere Pläne im Laufe der Zeit änderten und wir dadurch - nicht wie zu Beginn vorgenommen - bis zum zuvor unbekannten Ende gemeinsam unterwegs waren. Um den Grund dafür genauer erklären zu können, müsst ihr unsere Ausgangslage in Indonesien zuerst verstehen.

Es waren bereits über drei Monate vergangen und die längste Zeit, in der wir uns nicht im selben Raum befanden, lag bei nicht einmal zwei Stunden, wobei es sich dabei sogar nur um Ausnahmen handelte. Zu diesem Zeitpunkt gab es kaum noch etwas, was der eine vom anderen nicht wusste und wir hatten bereits eine einzigartige Art von Unterhaltung und einen sarkastischen Umgang miteinander entwickelt, den niemand anderes verstehen würde. Auch wenn wir uns logischerweise regelmäßig provozierten, kam es noch nie zu einem Streit. Man kann problemlos behaupten, dass es kaum einen

Freund in meinem Leben gibt, der immer so hinter mir gestanden, zu mir gehalten und mich auf so vielen Lebenswegen begleitet hat wie Raffi.

Doch trotz unseres Paradebeispiels einer Freundschaft habe ich mich immer wieder gefragt, wie die Dinge wären, wenn ich allein unterwegs wäre. Würde ich mehr unter Leute kommen? Würden andere Backpacker eher auf mich zukommen? Würde ich mich noch besser weiterentwickeln, wenn ich auf mich allein gestellt wäre? All diese Fragen gingen mir nicht mehr aus dem Kopf und je mehr Tage vergingen, desto größer wurde die Sehnsucht nach Antworten zu suchen. Mit hypothetischen Anspielungen versuchte ich herauszufinden, was er von dem Gedanken des Solo-Reisens hielt und musste feststellen, dass ihm diese Idee überhaupt nicht behagte, was das ganze deutlich erschwerte.

Nach langem Überlegen entschloss ich mich bei einem Mittagessen in der Hauptstadt Jakarta, bei dem ich mein Essen vor einer Straßenkatze, die einfach auf unseren Tisch sprang, verteidigen musste, das Thema anzusprechen. Ich teilte auf ehrliche Art und Weise meine Gedanken mit ihm und schlug vor, zwecks des Abenteuerwillens für ein paar Tage getrennte Wege einzuschlagen und danach wieder gemeinsam weiterzureisen. Trotz spürbaren Unsicherheiten zeigte er sich kooperativ und war mit meinem Vorschlag einverstanden.

Diese fünf Tage als Solo-Reisender gehörten zu den Highlights meiner gesamten Reise und sie gaben mir die Möglichkeit, die gesuchten Antworten zu finden. Es gelang mir noch mehr aus mir herauszukommen, mutiger zu werden, Bekanntschaften zu machen, zu denen es vermutlich niemals gekommen wäre und Abenteuer zu erleben, die man als zusammengeschweißtes Team auf eine ganz andere Art und Weise erlebt hätte. Nachdem wir uns nach diesen fünf Tagen wieder getroffen hatten und gegenseitig von unseren Erlebnissen erzählt hatten, war ich zwar froh wieder mit Raffi vereint zu sein, wusste aber, dass ich tief in mir drinnen das Verlangen nach mehr verspürte. Dieses Verlangen schien im Laufe der Zeit nicht zurückzugehen und ich wusste, dass eine Entscheidung vor mir stand.

Als ich meine Optionen abwog, kristallisierten sich zwei Möglichkeiten heraus:

A) Ich versuche das besagte Gefühl zu unterdrücken, reise weiterhin bis zum Schluss im Team mit dem Risiko, die Entscheidung eines Tages zu bereuen und mir zu wünschen den Sprung gewagt zu haben

B) Ich setze alles auf eine Karte, spring ins kalte Wasser, indem ich den Rest der Reise allein antrete und riskiere damit einen meiner besten Freunde zu verlieren.

Eine schwierige Entscheidung stand vor mir und die Überlegungen zogen sich über Wochen hinweg, bis ich eines Tages in Australien mit dem zuvor bereits erwähnten Fabian aus Deutschland, mit dem wir uns einen Campervan geteilt hatten, von meinen Sorgen berichtete. Er konnte sich gut in meine Lage hineinversetzen und gab mir einen Rat, der die folgende Lehre mit sich brachte:

Wenn es im Hinblick auf deine Mitmenschen etwas gibt, was dich bedrückt, ist es immer am besten, offen darüber zu reden. Den meisten Menschen mangelt es dafür an Mut. Sie haben Angst vor den Konsequenzen ihres Handelns und entscheiden sich am Ende des Tages für die kurzfristig einfachste Variante: Verdrängung. Wenn man so tut, als würde etwas nicht existieren und die Wahrheit verdrängt, geschieht dasselbe, wie wenn man schlechtes Essen isst: es kommt wieder hoch. Dieser Prozess wiederholt sich so oft, bis man entweder darunter zusammenbricht oder beginnt etwas dagegen zu unternehmen. Wer also bereit ist, der nackten Wahrheit ins Auge zu blicken, der muss tun, was getan werden muss, um die Unterdrückung der eigenen Gefühle zu bezwingen und dem Herz folgen zu können.

Nachdem ich eine Weile über Fabians Rat nachdachte, entschloss ich mich dazu mir selbst treu zu bleiben und über mein inneres Verlangen zu reden. Ich gestand mir selbst ein, dass es wichtig ist, sich auch Zeit für sich selbst zu nehmen.

Als ich Raffi bei einem gemütlichen Frühstück am Strand der sogenannten "Sunshine Coast" davon erzählte, war er einerseits sprachlos, konnte sich aber davon überzeugen lassen, wie wichtig mir dieses Anliegen war und gab sich einverstanden. Eine riesige Last fiel mir von den Schultern und mein Kopf war endlich all die belastenden

Gedanken los, die ich mir rund um dieses Thema gemacht hatte. Als der letzte Tag des Campervan-Abenteuers anbrach und wir drei uns nach einer bereichernden, gemeinsamen Zeit voneinander verabschiedeten, schien Raffi alles recht cool und gelassen zu nehmen, was das Ganze für mich deutlich vereinfachte. Wie erwartet, bekam ich eine komplett andere Art des Reisens zu erleben und bereute keine Sekunde lang meine Entscheidung.

Wie es der Zufall offensichtlich wollte, traf ich eine Woche später, als ich gerade an einem deutlich südlicheren Ort an der australischen Ostküste angekommen war und an der Rezeption eines Hostels einchecken wollte, niemand geringeren als Raffi in der Lobby. Er schien genauso verwundert wie ich zu sein, deswegen war ich überzeugt davon, dass es sich dabei schlicht und einfach um einen riesigen Zufall handelte, ihn genau zur selben Zeit am selben Ort wieder zu treffen. Natürlich wäre es lächerlich gewesen während meines Aufenthalts nichts gemeinsam zu unternehmen, weswegen wir wieder zwei Tage zusammen verbrachten.

Etwa drei Stunden bevor meine Busfahrt zum nächsten Ort startete, begann Raffi etwas zu erwähnen, mit dem ich nicht rechnete. Er stellte die Frage, ob wir uns am besten in Sydney oder in Melbourne treffen sollten, um weiter nach Neuseeland zu fliegen. Zu diesem Zeitpunkt verstand ich plötzlich gar nichts mehr und fragte mich, wie wir aneinander vorbeireden konnten, obwohl ich doch klar und deutlich gesagt hatte, dass ich diese Reise vorläufig allein weiterführen möchte.

Während ich also erneut versuchte, ihm meine Vorstellungen zu verdeutlichen, kam mir ein Gedanke: Diese Freundschaft basiert zum Großteil auf albernem Gelaber, Humor und Spaß. Was definitiv sehr selten Platz fand, waren Ernsthaftigkeit und 100% ehrlich gemeinter Real-talk. Doch dieser Tag sollte das ändern. Ein letztes Mal erzählte ich von meinen Bedürfnissen, meinen Ängsten und meinem Schicksal. Ich teilte mit ihm meine Gedanken, ohne das kleinste Detail schön zu reden.

Das Gespräch war zu Beginn hart, wurde aber von Sekunde zu Sekunde erleichternder und für beide Seiten einfacher. Das Schönreden war genauso Geschichte wie das Aneinander-Vorbeireden und wir waren uns nun beide dessen bewusst, wie es weitergehen würde. Ich spürte Enttäuschung und einen Hauch von Angst bei meinem Freund, der zuvor noch nie allein in ein Flugzeug gestiegen war. Diese Enttäuschung und Angst hinter sich zu lassen, um mir meinen Seelenwusch zu erfüllen, war eine Tat, mit der Raffi nicht nur Respekt und Verständnis zeigte, sondern auch wie viel diese Freundschaft über die Jahre an Wert gewonnen hat und wie wichtig ich ihm bin. Die Tatsache, dass er seine Bedürfnisse hinter meine stellte und mich ziehen ließ, bedeutete für mich zu diesem Zeitpunkt die Welt und werde ich mein Leben lang nicht vergessen. An jenem Tag wurde unsere "Bromance" unsterblich.

> *"Die spontansten Abenteuer mit den niedrigsten Erwartungen führen oft zu den unvergesslichsten Erinnerungen."*

Nach sechs ganzen Wochen in Australien war ich wieder an die westliche Kultur gewöhnt. Der spontane Flug in ein Dritte-Welt-Land, das ich zwei Tage zuvor noch nicht einmal gekannt hatte, war daher, wie man sich vorstellen kann, erneut ein Sprung ins kalte Wasser für mich. Mit dem vielen Menschen unbekannten Staat namens Vanuatu habe ich mir ein Reiseziel ausgesucht, das für gewöhnlich selten auf der Bucket-list eines Backpackers zu finden ist. Ich hatte keinerlei Vorstellungen darüber, was mich erwarten könnte, aber eine Broschüre im Flugzeug gab mir bereits die Möglichkeit mich orientieren zu können. Darin stand zum Beispiel, dass dieser Südpazifik-Staat als Ursprungland des Bungeejumpens gilt und der letzte offizielle Fall von Kannibalismus gerade einmal 50 Jahre her war. Diese ersten Fakten waren ein interessanter Vorgeschmack dafür, dass eine neue, mir unbekannte Kultur auf mich wartete.

Auf mich allein gestellt kam ich also am kleinsten Flughafen, auf dem ich mich je befunden hatte, an und suchte eine Bushaltestelle. Ich war der Einzige, der bei dieser Haltestelle stand, was kein Wunder war, da sich generell wenige Menschen zu dieser Zeit am Flughafengelände befanden. Ein Minivan blieb nach kürzester Zeit vor mir stehen. Ich fragte den kaum Englisch verstehenden Fahrer, mit dem Wissen, dass das Verhandeln im Gegensatz zu Südostasien nicht gang und gäbe ist, wie viel eine Fahrt ins Stadtzentrum kostet. Ich war überzeugt davon, dass er mit "59 Vatu" antwortete, die etwa 47 Cent entsprechen.

Der Preis war mir mehr als recht, also machten wir uns auf den Weg. Während der Fahrt erfuhr ich, dass es sich hierbei um ein Taxi anstatt eines Busses handelte, was den Preis unglaubwürdiger erscheinen ließ. Als wir nach einer 20-minütigen Fahrt vor meiner online gebuchten Unterkunft stehen blieben, drückte ich ihm das ausgemachte Geld in die Hand und bekam im Gegenzug einen verwirrten Gesichtsausdruck zu sehen. Da behauptete der Fahrer plötzlich, dass wir 1500 Vatu ausgemacht hatten und sorgte damit auch in meinem Gesicht für einen verwirrten Ausdruck.

Zuerst hatte ich noch eine zusammengerunzelte Stirn, aber als ich merkte, dass es sein bitterer Ernst war, wurde ich genervt und versuchte einen fairen Preis zu verhandeln. Da wurde auch er genervt und forderte mich auf, zu einem nahegelegenen ATM zu gehen. Es schien, als wäre ich nicht in der Lage seine Meinung zu ändern, also versuchte ich mehr Bargeld abzuheben. Der erste Geldautomat funktionierte nicht, also mussten wir einen weiteren aufsuchen. Nachdem der Zweite Geld ausspuckte, zeigte sich das nächste Problem. Der Fahrer hatte kein Wechselgeld. Nach viel vertrödelter Zeit gab er nach und zeigte sich mit 1300 Vatu auch zufrieden.

Meine schlechte Laune änderte sich glücklicherweise rasch, als ich bemerkte, dass mir, anstatt ein Bett in einem geteilten Zimmer, ein privates Doppelzimmer zur Verfügung gestellt wurde. Nach wenigen Stunden auf der Hauptinsel des Landes wurde mir meine Ausgangslage klar: asiatische Qualität trifft auf australische Preise! Abends sah ich mir den Gemüsemarkt genauer an, der 22 Stunden am Stück geöffnet hatte und gute Stimmung mit fröhlicher Inselmusik verbreitete. Den ganzen Tag lang sah ich weder junge Leute noch Solo-Reisende und schon gar keine Rucksackreisenden. Es war ein merkwürdiges Gefühl komplett ohne Gleichgesinnte zu sein. Meine Gedanken in meinem Kopf zu behalten, ohne sie mit anderen auszutauschen, sorgten für ein mir noch unbekanntes Gefühl, das ich so noch nie bemerkt hatte.

Am nächsten Morgen wachte ich bereits um 07:00 Uhr auf, um laufen zu gehen. Binnen einer halben Stunde wurde es so heiß, dass sich mein Körper dehydriert anfühlte. Zum Glück konnte eine eiskalte Dusche die kurz andauernde Kombination aus Übelkeit und Schwindelgefühl wieder wegschaffen. Daraufhin kochte ich mir mein Frühstück in der Gemeinschaftsküche, die wirkte, als wäre sie zuletzt vor einigen Monaten verwendet worden. Nach dem Essen wurde ich richtig müde und legte mich noch einmal für eine halbe Stunde ins Bett.

Als ich wieder aufwachte, war dieses Gefühl wiedergekommen. Während es mich begleitete, war ich gleichzeitig überfordert damit, eine Beschäftigung zu finden, da alle Aktivitäten recht weit entfernt beziehungsweise teuer schienen. Das Beste, das mir einfiel, war mich in ein Café zu setzen, um dort in Ruhe einen Plan für meinen restlichen Aufenthalt zu kreieren. Da es sich bei diesem Tag um einen Sonntag handelte, waren alle Reisebüros geschlossen, also buchte ich über eine Online-Plattform eine Öko-Kultur-Tour und eine Vulkan-Tour, bei der man in einem Acht-Personen-Flugzeug zu einer benachbarten Insel und dort rund um einen Lava-spuckenden, aktiven Vulkan fliegt. Auf diese Aktivitäten spürte ich starke Vorfreude und konnte es kaum noch abwarten.

Aus einem mir nicht erklärlichen Grund war ich nachmittags so ideenlos, dass ich mich zurück auf mein Zimmer verzog und für zwei weitere Stunden schlief. Eine Art und Weise, auf die ich noch keinen einzigen Nachmittag während dieser Reise verbracht hatte. Dementsprechend bekam ich wegen meiner ungenutzten, wertvollen Zeit beim Aufwachen auch ein schlechtes Gewissen. Das Problem war, dass ich einfach nicht wusste, wie ich meine Zeit verbringen sollte und ich mich dadurch so planlos wie selten zuvor fühlte. Ich entschloss mich dazu, mich einfach in die Lobby zu setzen und Youtube Videos anzusehen, um irgendwie die Zeit vergehen zu lassen. Plötzlich sprach mich ein Mann an, den ich auf etwa 40 Jahre alt geschätzt hätte und am Tag zuvor während meines Check-ins an derselben Stelle sitzen gesehen hatte.

Sein Name war Alexander und er kam ursprünglich aus Kolumbien, wohnt aber inzwischen in den USA. Es schien, als wäre auch er allein unterwegs und der gefühlt einzig andere Solo-Reisende auf dieser

Insel. Nach etwas Smalltalk begann er mir inspirierende Geschichten über seine Reisen zu erzählen und ich erfuhr, dass er bereits 60 verschiedene Länder besucht hatte und im Grunde genommen mehr Zeit unterwegs als bei sich zu Hause verbringt. Er begann mir außerdem von seiner liebsten Art zu reisen zu erzählen, das Hitchhiken. Seine Worte begeisterten mich, aber als er begann darüber zu reden wie nett die Einheimischen hier sind, schämte ich mich, wie faul und unproduktiv ich an diesem Tag gewesen bin. Mir wurde durch dieses Gespräch außerdem wieder bewusst, wie einfach und unkompliziert das Reisen sowie allgemein das Leben sein kann. Dieses Gespräch tat mir richtig gut und gab mir wieder frischen Wind, um mich auf das Wesentliche zu konzentrieren: "Enjoy your time and make your days count."

Nachdem ich sowieso noch keine Pläne für den nächsten Tag hatte, stand fest, dass ich das Hitchhiken erstmals ausprobieren würde! Kurz nach dem Aufwachen bekam meine optimistische Stimmung einen leichten Rückschlag, als ich anhand zweier E-Mails feststellen musste, dass meine gebuchten Touren beide abgesagt wurden. Dazu kam, dass ich plötzlich meinen Schlüssel nicht mehr finden konnte. Nachdem ich jeden Zentimeter sowohl in der Küche als auch in meinem Zimmer abgesucht hatte, ging ich meiner letzten Vermutung, dass ich ihn nachts an der Außentüre stecken gelassen und jemand ihn bei der Rezeption abgegeben hatte, nach. Zu meinem Glück war genau dies der Fall und ich bekam wieder Hoffnung darin, noch einen aufregenden Tag vor mir zu haben.

Zufällig traf ich in der Lobby wieder auf Alexander, woraufhin ich ihm von meinen gecancelten Ausflügen erzählte und ihn nach seinen Tagesplänen fragte. Die "Blue Lagoon", die sich mit dem Auto eine gute Stunde entfernt befand, war sein Ziel des Tages. Ich hatte ein Verlangen nach Gesellschaft in mir und ein gutes Gefühl dabei, Alexander vertrauen zu können. Somit schloss ich mich seinem Vorhaben an, als er mich fragte, ob ich mit zur Blue Lagoon kommen wolle.

Zuerst gingen wir ein Stück zu Fuß, bis wir zu einer Straße kamen, die hauptsächlich geradeaus ging, um die Chancen zu erhöhen jemanden zu finden, der in dieselbe Richtung fuhr. Als wir ein altes Ehepaar, das gerade einen Spaziergang machte, nach dem Weg fragten, meinten sie, sie könnten uns eine Abkürzung zeigen und begleiteten uns für ein paar Minuten. Die beiden waren aus Fidschi und machten einen wirklich netten und hilfsbereiten Eindruck. Als es bergab durch einen Wald ging, trennten sie sich von uns und wünschten alles Gute.

Es war nicht das erste Mal, dass ich in Flip-Flops eine steile Abkürzung durch den Wald ging, deswegen lief dieser Teil des Weges ohne Probleme glatt. Als wir bei der gesuchten Straße ankamen, ging es mit dem Daumen-Hochhalten los. Nach kürzester Zeit hielt tatsächlich ein Einheimischer an und nahm uns mit, einfach unfassbar wie einfach und schnell das funktionierte! Kurzzeitig hielten wir bei einem Restaurant an, bei dem der Fahrer etwas besorgen musste. Währenddessen ging ich ein paar Schritte zum Meer und erblickte nicht nur ein klares, hellblaues Wasser, sondern auch zum ersten Mal im Leben einen Seestern!

Wir fuhren weiter bis zum Haus des Fahrers. Von dort aus ging es wieder zu Fuß weiter. 20 Minuten lang warteten wir in der prallen Mittagssonne, bis uns eine übergewichtige, ältere Frau mit Wurzeln aus Tonga auf die Ladefläche ihres Trucks springen ließ. Die Weiterfahrt war ein überwältigendes Erlebnis und mir wurde klar was Alexander gemeint hatte, als er mir erzählt hatte, dass er nicht hitchhikt, um sich Geld zu ersparen, sondern wegen des Abenteuers und der Möglichkeit, die verschiedensten Menschen kennenzulernen.

Sie nahm uns bis zum letzten Shop vor der Lagune mit, wo wir uns Kekse und Wasser kauften (viel mehr Auswahlmöglichkeiten gab es leider nicht). Alexander, der mich zuvor noch wegen meines mitgebrachten Rucksacks ausgelacht hatte, behauptete, dass alles Größere als eine kleine Umhängetasche unnötig sei und der mich als "klassischen Europäer" bezeichnet hatte, fragte mich etwas später plötzlich, ob er sein Wasser in meinen Rucksack geben könnte...ich begann zu schmunzeln, sagte aber nichts und steckte die Flasche ein. Von dort aus mussten wir 30 weitere Minuten warten, bis wir wieder jemanden fanden, der uns nicht nur mitnahm, sondern auch zufällig am Weg zur Lagune war. Es handelte sich dabei um ein neuseeländisches Pärchen Ende 20. Bei dieser dritten Autofahrt des Tages fiel es mir auf, dass Alexander bei jeder Fahrt zu Beginn dieselben Standpunkte hervorbrachte:

- dass hier nur die "Inselzeit" gilt, womit er meinte, dass die Uhrzeit keine Rolle spielen würde

- dass Hitchhiken die einzig wahre Art und Weise ist, um von A nach B zu kommen, er das aber nicht wegen des ersparten Geldes, sondern wegen des Abenteuers macht

- dass er sich Übernachtungen in Hotelressorts leisten könnte, aber sich lieber mit authentischen Einheimischen umgibt und keinen Luxus braucht

- dass er vor nichts Angst hat, da er jahrelang dem U.S. Militär gedient hatte und so gut wie alles gesehen und erlebt hat

Bei der Lagune angekommen, galt es für mich der "Fear of height" einmal wieder den Kampf anzusagen. Es gab hier die Möglichkeit auf einen Baum hinaufzuklettern, um sich von einer Plattform aus mit einem Seil ins Wasser schwingen zu lassen. Es war der Anfang eines immens genussvollen Nachmittags. Das türkise Wasser war mindestens so traumhaft wie das Wetter, überall waren glückliche Einheimische zu sehen und so ziemlich jeder an dieser Lagune hatte eine gute Zeit. Das absolute Paradies fand ich allerdings erst, als meine Neugierde mich dazu brachte, mich durch ein Loch im Stacheldrahtzaun zu kämpfen und einem geheimen Weg zu folgen. Er führte zum Schnittpunkt zwischen Lagune und Meer.

Weit und breit war ich allein und mit langsamen Schritten bewegte ich mich im türkisen Wasser Richtung Meer. Um mich herum schwammen an der Oberfläche einzelne Brocken aus Lavagestein und kurzzeitig hatte ich den Eindruck, als bewegte sich alles nur noch in Zeitlupe. Ein magischer Moment, der sich anfühlte, als hätte die Erde kurzzeitig aufgehört sich zu drehen. Ich lebte den Moment zu 100 Prozent und die Zeit stand still. Einfach unglaublich.

Noch bevor der Sonnenuntergang anbrach, versuchten wir unser Glück beim Hitchhiken erneut. Diesmal ging alles sogar noch schneller, denn nach nicht einmal fünf Minuten hielt ein vollgeladener Truck an, der direkt zum Zentrum fuhr! Dankbar setzten wir uns also wieder nach hinten auf die Ladefläche, wo uns der Fahrtwind idealerweise die nassen Haare föhnte. Sechs Einheimische leisteten uns dabei Gesellschaft, mit denen wir uns auf eine unübliche Art und Weise unterhielten. Wir tauschten gegenseitig nicht viele Worte aus, aber anhand der Gesichtsausdrücke und Handgesten hatte ich das Gefühl diese Leute vollkommen unkompliziert verstehen zu können. Während diesen einzigartigen Gesprächen hatten wir zusätzlich eine faszinierende Aussicht auf die Natur. Zuerst befanden sich links und rechts von der Fahrbahn tausende Palmen und exotische Pflanzen und im Anschluss war der Sonnenuntergang am Horizont des Meeres zu erblicken.

Dieser Tag zeigte mir, dass sich oft die spontansten und am wenigsten erwarteten Abenteuer mit den merkwürdigsten Begegnungen zu den unvergesslichsten entwickeln können. Dank Alexander hatte ich mich getraut das Hitchhiken auszuprobieren, was vermutlich niemals geschehen wäre, wenn ich ihm nicht begegnet wäre. Durch ihn kam ich außerdem zur Erkenntnis, dass Freundschaft weder Alter, Geschlecht, Herkunft, Religion, noch all die anderen Möglichkeiten, mit denen sich unsere Gesellschaft versucht zu spalten, kennt. Eine Freundschaft kann immer, überall und mit jeder Person zustande kommen, wenn man es zulässt.

Am nächsten Morgen stand ich um 08:00 Uhr vor dem örtlichen Reisebüro, um mich nach möglichen Aktivitäten zu erkundigen. Ich musste feststellen, dass alle Touren, die sie anboten, eine Mindestteilnehmeranzahl hatten. Aufgrund dessen, dass es sich um die Off-Saison handelte, waren entsprechend wenige Touristen vor Ort und somit die meisten Touren nicht machbar. Da wurde mir einmal wieder klar, dass das spontane Reisen ohne Pläne im Vorhinein zu schmieden auch negative Aspekte mit sich bringt. Mein Glück im Unglück war, dass ich eine "Cultural-Village -Tour" fand, die genug Teilnehmer hatte, es sich allerdings bei allen anderen Teilnehmern um Kreuzfahrttouristen handelte.

"Sei um 10:45 Uhr vor deiner Unterkunft, dann wirst du von einem Bus abgeholt", hieß es. Zum ausgemachten Zeitpunkt befand ich mich am vereinbarten Ort und bemerkte, dass alle zehn Sekunden ein Bus daran vorbeifuhr oder sich einparkte. Um mich bemerkbarer zu machen, entschied ich den Flyer, den ich vom Reisebüro bekommen hatte, in die Höhe zu halten. Dadurch sah mich jeder, der an mir vorbeiging komisch an und schätzte mich vermutlich als Tour-Promoter ein. Außerdem blieb jedes Taxi stehen und hielt damit den Verkehr auf, weil die Fahrer dachten, ich würde nach einem Transport suchen. Zu meiner Erleichterung wurde ich um kurz vor 11:00 Uhr vom richtigen Busfahrer erkannt und in den Van gesetzt, der bereits voll mit Pensionisten und Familien mit Kleinkindern war.

Zu Beginn der Tour wurden wir von einem Einheimischen empfangen, der gemäß einer alten Tradition gekleidet war. Der Oberkörper war frei, die Beine mit einem selbstgemachten, natürlichen Männerrock bedeckt. Der Mann war barfuß unterwegs und in der Hand hielt er eine riesige Muschel, in die er pustete, um das Signal zu geben, dass unbekannte Menschen gekommen waren. Als Erster ging ich ihm durch den Dschungel hinterher, wo nach und nach immer mehr Dorfmänner, die ähnlich wie er bekleidet sich uns links und rechts aus Gebüschen kommend näherten.

Sie begannen herumzuschreien und richteten ihre Waffen auf uns, was für eine gute Show sorgte. Irgendwann blieben wir stehen und der Häuptling empfing uns. Zu Beginn erklärte er, dass man in ihrer

Kultur bei der Ankunft eine Farnpflanze in die Höhe strecken muss, die als Symbol des Friedens gilt. Die authentische Tour gab mir einen faszinierenden Einblick in die traditionelle Kultur Vanuatus, die zum Teil heute noch (vor allem auf anderen, kleineren Inseln) bemerkbar ist. Ich lernte viel über die Jagd-Traditionen, die Regeln innerhalb einer Familie, traditionelle Medizin, Gruppendynamiken und verschiedene Bräuche.

Vor gerade einmal 100 Jahren waren die Todesstrafe und der Kannibalismus noch zwei übliche Vorgehensweisen, wenn es der "Chiev" (Häuptling) so wollte und Frauenrechte gab es nicht einmal ansatzweise. Selbst heute ist es noch gang und gäbe den Vater seiner Verlobten mit einer Kombination aus Geld und einer gewissen Anzahl von Schweinen (abhängig von der Schönheit und Begehrtheit der Dame) zu bezahlen, um sie heiraten zu dürfen. Auch wenn selbst in der heutigen Zeit noch verrückte Traditionen in diesem Land ausgelebt werden, ist es erstaunlich, wie stark sich dieser Inselstaat in den letzten 50-100 Jahren weiterentwickelt hat und es selbst in dieser einzigartigen Kultur Modernität und Digitalisierung langsam geschafft haben einzudringen. Ob es sich dabei um einen positiven oder negativen Einfluss handelt, ist zu debattieren.

Am letzten Morgen vor der Abreise fragte ich an der Rezeption nach dem gängigen Preis für eine Taxifahrt zum Flughafen. Überzeugt sprach die Rezeptionisten von 150 Vatu (1,15€), also stellte ich mich mit meinem Gepäck zum Straßenrand und begann Taxis aufzuhalten.

Wie bereits bei meiner Ankunft versuchten die Fahrer mich abzuzocken und verlangten allesamt 1500 Vatu von mir, da ich schließlich ein europäischer Tourist war. Nachdem ich nur noch 250 Vatu übrighatte und nicht mehr Geld bei einem Bankomaten abheben wollte, der mehrere Euro an Gebühren von mir verlangte, holte ich die Rezeptionistin hinunter, um mir zu helfen. Als sie für mich ein Taxi anhielt, verlangte dessen Fahrer plötzlich nur 250 Vatu, womit ich mich zufriedengab. Dieses System machte einerseits vollkommen Sinn und war nachvollziehbar, andererseits fühlte ich mich betrogen, dass ich, ohne der Hilfe der Rezeptionistin, nur aufgrund meiner Herkunft das zehnfache von allen anderen hätte zahlen müssen.

Als ich im kleinsten Flugzeug meines Lebens, in dem gerade einmal 26 Passagiere Platz nahmen, weiter nach Fidschi flog, dachte ich nochmal über meine einzigartigen Erfahrungen, die ich während der letzten Tage gemacht hatte, nach. Ich dachte erneut über dieses Gefühl nach, das mehrmals während meines Aufenthalts hochkam. Ich war mir nun sicher, dass es sich um das Gefühl der Einsamkeit handelte. Da kam mir der Gedanke, dass ich eigentlich niemals wirklich allein war und immer die Möglichkeit hatte in Gesellschaft zu sein. Es war die Angst in mir, die mich in meiner Komfortzone halten wollte. Als ich den Schritt wagte und mich auf eine atypische Freundschaft einließ, war sowohl diese Angst als auch das Gefühl der Einsamkeit wie verschwunden. Das bewies, dass mit der Entscheidung raus aus der Komfortzone zu treten, die Angst erlöscht.

Außerdem wurde mir klar, dass man mit jeder neuen Begegnung im Leben die Chance hat, etwas völlig Neues zu lernen. Wer weiß, vielleicht wäre mein restlicher Aufenthalt in Vanuatu genauso langweilig geworden, wie der erste Tag, wenn ich die Begegnung mit dem abenteuerlichen 45-jährigen Kolumbianer nicht zugelassen hätte. Schlussendlich hatte ich mich aber dafür entschieden und glaube, dass sich alles so ergeben hat, wie es kommen sollte.

Kapitel 4 – Tough times

Jeder von uns befindet sich hin und wieder in einer Situation, in der man am liebsten eine Fernbedienung hätte, mit der man sich ein paar Stunden in die Zukunft spulen kann. Es ist für uns leider nahezu unumgänglich ab und zu in eine Scheiße zu geraten, die wir im Vorhinein nicht kommen gesehen haben. Manchmal gibt es Tage, an denen uns das Leben auf die Probe stellen möchte, um herauszufinden, wie belastbar wir wirklich sind. In diesem Kapitel fokussiere ich mich auf ein paar meiner negativen Erfahrungen, die mich viel Anstrengung gekostet, dafür mit einem stärkeren Durchhaltevermögen belohnt haben. In jeder dieser Geschichten habe ich mir gewünscht die Zeit nach vorne drehen zu können oder zumindest so schnell wie möglich raus aus meiner Lage zu kommen.

Es gibt aber auch eine positive Gemeinsamkeit, die die Geschichten dieses Kapitels miteinander verbindet: Ich habe niemals aufgegeben. Auch wenn es hart wurde, gab es keine andere Option als durchzuhalten. Dieser Gedanke der Optionslosigkeit war zwar einerseits deprimierend, half mir allerdings dabei, mich auf das Wesentliche zu konzentrieren. Ich richtete meinen Fokus auf die Hoffnung, dass sich die Situation verbessert und am Ende des Tages alles gut sein wird. Optimismus, die richtige Mentalität und ein kühler Kopf waren meine wichtigsten Werkzeuge, um all diese Situationen zu überstehen. Müsste ich dieses Kapitel einem Motto unterordnen, wäre es der Titel der ersten Geschichte:

> *"Was dich nicht umbringt, macht dich nur stärker."*

Beim zweiten Mal, als ich mich über Nacht im Dschungel aufhielt, befand ich mich gemeinsam mit Raffi tief in einem Nationalpark Malaysiens. Tag eins dieses Abenteuers fing mit einem Van-Transport an, der uns um 07:00 Uhr morgens von den sogenannten Cameron Highlands abholte. Jeder von uns beiden hatte drei Sitze für sich allein, somit konnten wir während der Fahrt ideal Schlaf nachholen. Nach fünf Stunden Fahrt blieb der Fahrer wie geplant stehen, damit wir in ein Boot umsteigen konnten, das uns zum Zielort Taman Negara Nationalpark bringen sollte.

Nach kurzem Warten kam ein anderer Mann, um uns zu erklären, dass eine Bootsfahrt zu gefährlich wäre, weil der Wasserstand zu hoch sei. Dadurch mussten wir erneut in einen Minibus steigen, in dem drei Polen bereits Platz genommen hatten. Wir fuhren an einem Palmenwald vorbei, während wir uns ein bisschen mit den anderen unterhielten, die offensichtlich sehr verärgert darüber waren, dass ihnen die Gelegenheit genommen worden war mit dem Boot zu fahren. Obwohl wir im Endeffekt schneller als mit dem Boot waren, fingen die zwei Frauen und deren Begleiter an, sich bei dem

"Reisebüro" zu beschweren und ihr Geld zurückzuverlangen, weil sie nicht das bekamen, was sie gebucht hatten. Es dauerte eine Weile, bis der Besitzer erklären konnte, dass das Transportunternehmen nichts mit seiner Firma zu tun hat.

Ein kurzer Rundgang im Dorf brachte uns zu folgenden Erkenntnissen: Es war beinahe abnormal heiß während der Mittagshitze, das Essen war billiger als überall, wo wir in den 67 Tagen davor gewesen sind, unsere Unterkunft war sehr einfach, auf der anderen Seite des Flusses befand sich der richtige Dschungel mit einigen wilden Tieren und im gesamten Dorf gab es keinen Internetzugang. Abends erfuhren wir, dass es fast täglich um 19:00 Uhr stark zu schütten beginnt. Nachdem wir Blitze und Wetterleuchten erkannten, wussten wir, dass unsere Nachtsafari wohl gestrichen sei und waren optimistisch genug, um sie auf den nächsten Tag zu verschieben, anstatt komplett zu stornieren.

Am nächsten Morgen wachte ich um 05:00 Uhr mit starkem Schwindelgefühl und Übelkeit auf, das sich richtig merkwürdig anfühlte. Hierbei möchte ich nicht genau ins Detail gehen, um euch nicht den Appetit zu verderben, aber sagen wir einfach, es stellte sich nach einer Weile die Vermutung auf, dass ich an einer Lebensmittelvergiftung erkrankt war. Es begann ein Teufelskreis, bei dem ich Wasser trinken musste, um nicht zu dehydrieren, dieses Wasser jedoch nach spätestens 30 Minuten wieder aus demselben

Ende zurückkam. Tabletten kamen auf dieselbe Weise wieder zurück, deswegen war alles was ich tun konnte, durchzuhalten.

Einen Arzt gab es in diesem Dorf nicht und das nächste Dorf war laut Angaben des Besitzers unserer Unterkunft zwei Stunden entfernt. Ich versuchte mich immer wieder vom Boden aufzusetzen, um keine zusätzlichen Kreislaufprobleme zu verursachen. Selbst im Schatten verbrannte ich während der Mittagshitze fast, was erst wieder gegen 16:00 Uhr besser wurde. Ich war verdammt kraftlos, meine Beine taten sehr weh und beim Übergeben fiel es mir nach einer Weile schon schwer, mich vor einer Erstickung abzuhalten.

Das einzig Gute an der ganzen Situation war, dass ich Raffi an meiner Seite hatte, der mir Beistand leistete und mir irgendwann Cola und Cracker brachte, was angeblich in solchen Fällen Wunder wirken kann. Einfach das Gefühl jemanden bei mir zu haben, war psychologisch zu dieser Zeit sehr wichtig für mich. Während Raffi irgendwann Essen ging, starrte ich durchgehend aus dem Fenster Richtung Dschungel und versuchte über Dinge nachzudenken, die mich ablenken und hoffnungsvoller machen konnten. Nichts schien jedoch zu helfen, um mich besser zu fühlen, bis ich raus zum Eingang der Unterkunft ging, mich auf einen Stuhl setzte und plötzlich DAS Lied hörte. Jawohl, das Lied dieser Reise "The Nights" vom jung verstorbenen DJ Avicii. Dieses Lied hatte mich unter anderem dazu inspiriert, mir den Traum dieser Reise zu erfüllen und erinnerte mich daran, wieso ich war wo ich war.

Plötzlich änderte sich meine gesamte Einstellung. Ich begann zu realisieren, dass es zwar eine beschissene Situation war, aber auch dies ein Teil meiner Reiseerfahrung sei und ich eine solche Ausgangslage beim Start der Reise in Kauf genommen hatte. "Irgendwann werde ich darüber schmunzeln können", sagte ich mir. Von diesem Zeitpunkt an wurde alles, wenn auch nur ein kleines Stück, besser und hoffnungsvoller.

Um 17:00 Uhr reduzierte sich die Regelmäßigkeit meines Erbrechens und ich begann kleine, vereinzelte Schlucke vom Cola zu trinken. Der Brechreiz wurde immer weniger, bis er 45 Minuten später ganz aufhörte. Ein Aspirin half mir dabei meine Kopfschmerzen von "unaushaltbar" zur Stufe "irgendwie zu ertragen" zu bringen und ich schaffte es langsam einen kleinen Cracker zu essen, mehr ging allerdings noch nicht.

Mit Müh und Not stellte ich mich um 20:00 Uhr unter die Dusche, in der ich, ohne zu übertreiben, länger auf meinen Füßen stand als während des gesamten Tages. Danach brachte mich Raffi sogar dazu, mit ihm ins nächstgelegene Lokal zu gehen, welches etwa 50 Meter entfernt lag. Nach dem hart erkämpften Weg bestellte ich mir eine Portion Reis, von der ich nicht mehr als ein Drittel essen konnte. Die Nacht-Safari mussten wir leider wieder verschieben, weil ich dafür viel zu schwach war.

Mein Wohlbefinden war nach zwölf Stunden Schlaf schon besser und nach insgesamt 40 Stunden ohne Essen mit Ausnahme von ein paar Löffel Reis und einem Cracker war ich zumindest wieder in der Lage eine Butterwaffel zu essen, bei der ich nach jedem Bissen eine gute Minute lang kauen musste. An jenem Morgen übersiedelten wir für die letzte Nacht in eine Unterkunft, deren Anlage sich mitten im Dschungel und zehn Minuten mit dem Auto vom Dorf entfernt befand. Für den Transport gab es einen Geländewagen, der normalerweise jede Stunde fuhr.

Das Besondere bei uns war jedoch, dass wir die einzigen Gäste waren und wir uns deshalb jedes Mal aussuchen konnten, wann wir abgeholt werden sollten. Die Fahrt war immer sehr wackelig, matschig, steil, aber dennoch schnell und hatte Potenzial dafür zu sorgen, dass mir wieder schlecht wird. Bei der Unterkunft handelte es sich dabei um unser mit Abstand kleinstes "Zimmer" bisher, denn mehr als ein Bett und eine kleine Klimaanlage war darin nicht zu finden. Der wenige Platz am Boden hatte gerade einmal für die Rucksäcke ausgereicht. Sobald man die Türe also öffnete, stieg man von außen direkt ins Bett hinein.

Leider musste auch am dritten Abend die Nachtsafari gestrichen werden, weil das Wetter wieder nicht mitspielte und die Organisatoren meinten, es wäre zu gefährlich. Die Übernachtung wurde generell interessant, weil es später wieder blitzte, wir uns mitten im Dschungel befanden und ich mir sicher war, dass die

Bungalow-ähnlichen Zimmer keine Blitzableiter eingebaut hatten. Außerdem bemerkte ich, dass wir nicht nur die einzigen Gäste hier waren, sondern selbst die Mitarbeiter allesamt zurück ins Dorf gefahren waren.

Wir verbrachten die Nacht also nicht nur ohne irgendeine Menschenseele weit und breit, sondern teilten uns auch den Dschungel mit giftigen Schlangen, schwarzen Panthern, Wildschweinen, Tapire, Elefanten, Tiger, Leoparden, Malaienbären und Nashörnern. Der Gedanke an den lauernden Gefahren war zwar etwas erschreckend, aber im Endeffekt war diese Nacht auch eine spannende Erfahrung, die mir bestimmt auf ewig in Erinnerung bleibt.

"Wenn man sich zu stark betrinkt, borgt man sich Freude und Energie vom nächsten Tag."

Da wir in der vorigen Geschichte bereits meine Reiseerfahrungen mit Übelkeit angesprochen haben, möchte ich das Thema mit dieser Story gleich kontinuieren. Diesmal hatte es allerdings nichts mit einer Lebensmittelvergiftung zu tun, sondern mit einem Problem, mit dem vor allem Jugendliche gelegentlich zu kämpfen haben: einem Hangover.

Knapp fünf Wochen waren seit Reisestart vergangen und ich befand mich zurzeit im Herzen des Staates Laos. Nach einer interessanten

Einreise, über die ich später noch genauer berichten werde, gewöhnten sich Raffi und ich in den ersten Tagen daran, dass Laos zwar gewisse Ähnlichkeiten mit Thailand hatte, aber dennoch so anders war. Wir befanden uns in einem viel unberührteren, authentischeren Land, das noch weit weg davon war vom Tourismus zerstampft zu werden.

Dadurch, dass das Land deutlich seltener bereist wird, als seine angrenzenden Nachbarn, war es einfach daraus zu schließen, dass die Kommunikation etwas schwieriger werden würde. Nachdem Raffi und ich uns nach wenigen Tagen an die leicht veränderten Begebenheiten gewöhnt hatten, brachte uns unser bisher mit Abstand langsamster und sicherster Fahrer in die Stadt Vang Vieng und setzte uns vor unserer Unterkunft ab. Es handelte sich dabei um das Hostel aus Kapitel eins, in dem ich von meiner ersten Erfahrung mit Bettwanzen erzählt hatte.

Wir waren gerade erst angekommen, checkten ein und erkundigten uns sofort nach Aktivitäten, an denen wir nach Möglichkeit noch am selben Tag teilnehmen könnten. Da begann der gastfreundliche Rezeptionist von "Tuben" zu schwärmen. Dabei handelt es sich um feste Reifen, mit denen man sich in einen Fluss setzt, mit der Strömung entlang treibt und dabei gemütlich ein paar Bier trinkt. Er merkte zusätzlich an, dass wir dafür so wenig Zeug wie möglich mitnehmen sollten und der Transport für die Aktivität in wenigen Minuten losfahren würde. Ohne nur annährend zu zögern, nahmen wir sein Angebot an, brachten unser Gepäck aufs Zimmer, sprangen in unsere Badehosen und schafften es rechtzeitig wieder in der Lobby zu sein.

Gemeinsam mit zwei Aussies wurden wir von einem Pickup auf einer sehr rumpeligen Straße zum Fluss gefahren und anschließend dort mit den Reifen allein gelassen. Uns wurde gesagt, dass wir um 18:00 Uhr von einer Bar abgeholt werden würden, hatten allerdings keine Ahnung, wo sich diese befand. Dennoch waren wir zuversichtlich, dass wir diese früher oder später finden würden. Beim Fluss erkannten wir, dass wir tatsächlich nirgendwo unsere Sachen abgeben konnten und erst einmal den Fluss entlang treiben mussten. Also begann ich zu improvisieren:

Glücklicherweise hatte ich einen Plastikverschluss dabei, in dem ich Handy und Geld wasserfest aufbewahren und mir um den Hals hängen konnte. Außerdem hängte ich mir meine GoPro um den Hals, wickelte mein T-Shirt um den linken Oberarm, steckte mir in beide Seiten der Badehose meine Flip-Flops und schon ging es los. Das australische Pärchen setzte sich jeweils in einen Reifen und begann sich vom Boden im seichten Wasser in die Mitte des Flusses abzustoßen. Als wir genau das nachmachten, dauerte es nicht lange, bis Raffi in einen Strudel geriet und eine Weile nicht mehr von der Stelle kam.

Bereits die ersten paar Minuten waren unfassbar lustig und abenteuerlich, weil die ganze Aktion von Beginn an unklar und einfach nur spontan war. Zu diesem Zeitpunkt waren wir uns noch gar nicht bewusst, was uns alles noch erwarten würde!

Um etwa 15:00 Uhr begann ich aus der Ferne laute Musik zu hören und erblickte wenig später eine Bar, die sich auf einem Steg am Rand des Flusses befand. Je näher ich kam, desto lauter wurde die Musik und als mich die ersten Tubing-Teilnehmer entdeckten, standen sie begeistert auf, schnappten sich Wasserflaschen, die an Seilen festgebunden waren und warfen diese in meine Nähe, um mich an Land zu ziehen. Die bereits betrunkenen "Tuber" schafften es allerdings nicht nah genug zu mir zu werfen, weswegen mich ein Barmitarbeiter in letzter Sekunde mit seinem Wurf erreichte und an Land zog. Die Strömung des Flusses war an dieser Stelle stärker als gedacht, sodass ich drauf und dran war meine Flip-Flops zu verlieren.

Eine gemischte Gruppe aus Deutschen, Briten und sogar Österreichern war bereits am Feiern, als wir nochmal wohlgemerkt um *15:00 Uhr* an der Party teilnahmen. Als der Alkoholspiegel nach ein paar Bieren und mehreren gratis Whiskey-Shots, die wir direkt aus der Flasche in den Mund geleert bekamen, langsam begann sich bemerkbar zu machen, sprangen ein paar aus der Gruppe mehrmals von einem fünf Meter hohen Sprungbrett in den Fluss. Im Nachhinein erfuhr ich, dass dabei jedes Jahr Leute sterben, die sich wegen ihrer Trunkenheit beim Sprung verletzen und bewusstlos untergehen...

Nach einer guten Stunde voller Party und guter Laune, gab uns der Barkeeper zu wissen, dass wir weiter zur nächsten Bar tuben mussten. Er sperrte seine Bar zu, schnappte sich einen eigenen Reifen und schloss sich uns an. Als wir gerade dabei waren, nacheinander mit den Reifen ins Wasser zu springen, kam von einer der Britinnen die Frage auf, in welche Richtung es geht. Infolgedessen fing die eine Hälfte der Leute an zu lachen, während die andere sich kopfschüttelnd auf die Stirn griff.

Wir ließen uns also eine gute Stunde lang betrunken flussabwärts treiben. Für eine Zeit lang war ich allein zwischen zwei Gruppen unterwegs und hatte eine Menge Ruhe und Zeit zum Nachdenken und Genießen. Zu diesem Zeitpunkt hatte ich einmal wieder ein sorgenloses Freiheitsgefühl und es war einer der ganz besonderen Momente der Zeitlosigkeit während meiner Reise.

Bei der zweiten Bar angekommen, entdeckten wir sofort eine Zipline, die in etwa zwei bis drei Metern Höhe über den Fluss gespannt war. Auch diesen Nervenkitzel ließ ich mir nicht entgehen und schwang mich damit mehrmals ins Wasser. Die nächste Stunde verging wie im Flug, und ich hatte den Eindruck, als hätten alle den Spaß ihres Lebens. Als ich gegen 18:00 Uhr gerade mit Raffi gegen einen älteren Amerikaner und eine 30-jährige Holländerin in einem Bierpong Spiel verwickelt war, in dem wir kleine Dorfkinder, die uns dabei mit Freude zusahen, mitwerfen ließen, machte sich der Fahrer bei uns mit lauten Hupen bemerkbar, der uns ein paar Stunden zuvor abgesetzt hatte.

Mit einem frühen, soliden Rausch setzen wir uns mit den zwei Australiern wie zuvor in den Pickup und fuhren zurück zum Hostel. Bevor wir die anderen verließen, hatte ich mir noch mit ihnen ausgemacht, sie etwas später in einer Bar zu treffen. Mit Vorfreude auf den bevorstehenden Abend versuchte ich so gut wie möglich meinen Fokus von der unfassbar wackeligen, rüttelnden Rückfahrt, die für ein Gefühl der Übelkeit in mir sorgte, abzuwenden. Wenig später machten wir uns auf den Weg aufs Zimmer, um uns umzuziehen, als mich eine weitere Übelkeitswelle überkam. Diesmal konnte ich das Gefühl nicht mehr abwimmeln und rannte aufs Klo.

Raffi, der ebenfalls im Rausch gefangen war, leistete mir Beistand. Während ich wie aus dem Nichts auf der Kloschüssel hängend einschlief und Raffi unbeeindruckt rumstand und sich dabei in Gedanken in einer völlig anderen Dimension befand, vergingen sage und schreibe zwei Stunden. Es war das erste Mal in meinem Leben, dass ich ein Blackout hatte und mir ist es bis heute unerklärlich, wie es dazu kommen konnte. War es der billige Whiskey, die rumpelige Rückfahrt zum Hostel oder wurde mir vielleicht sogar etwas in mein Getränk gemischt? Keine von diesen Optionen kann ich bis zum heutigen Tage ausschließen. Fakt jedoch ist, dass eine von ihnen (oder vielleicht sogar die Kombination aus allen) verheerende Folgen mit sich brachte.

Aufgrund des heftigsten Hangovers meines Lebens, dem ich zu verdanken hatte, dass ich mich erstmals am "Morgen danach" übergeben musste, ließ ich das Frühstück ohne weitere Überlegungen aus. Wenn ich mich nur im Bett aufsetzte, reichte es, um für eine heftige Achterbahnfahrt in meinem Kopf zu sorgen. Tatsächlich war ich nicht in der Lage das Bett vor 14:00 Uhr zu verlassen, obwohl ich bereits um 08:00 Uhr morgens wieder wach gewesen war. Die ersten Stunden an jenem Tag war ich mit dem Gefühl konfrontiert, als wäre mein Kopf gerade dabei sich zu spalten. Diese Erfahrung war für mich das absolute Grauen und es gab nichts, was meine Lage verbessern hätte können. Ich war an jenem Tag sehr schwach, war kaum in der Lage mich fortzubewegen, geschweige denn etwas zu essen oder zu trinken. Es blieb nichts anderes übrig, als die kritische Zeit abzusitzen und durchzuhalten.

Diese Erfahrung gab mir nicht nur Bedenken gegenüber einheimischem Alkohol, der gratis verteilt wird, sondern gab mir erneut die Chance meine Grenzen besser kennenzulernen. Zum einen konnte ich meine Trinkgrenze niedriger schrauben und zum anderen meine Grenzen des Durchhaltevermögens höher setzen.

> *"Go through it and grow through it."*

Um die Sektion der Geschichten, in denen mir übel wurde, abschließen zu können, muss ich diese noch mit einer Bootsgeschichte abrunden. Sie entstand an Tag 102, als ich mich gemeinsam mit Raffi gerade in Indonesien aufhielt. Die Tage zuvor hatten wir auf der kleinen Insel Gili Trawangan verbracht, in der wir uns erstmals für mehrere Tage am Stück einfach entspannten und die Zeit am kristallklaren, warmen Meer verbrachten, während wir uns sonnen ließen und nach Wasserschildkröten schnorchelten. Nach diesen ruhigen, erholsamen Tagen war ich am Tag der Abreise tiefenentspannt. Ich hätte dieses Postkartenidyll gar nicht erst verlassen wollen, wenn das nächste Ziel nicht die weltberühmte Paradiesinsel Bali gewesen wäre.

Ein Speedboot holte uns vormittags vom kleinen Hafen Gili's ab. Von Anfang an hatte ich im Hinterkopf, dass ich mich erfahrungsgemäß nie richtig wohlfühlte bei solchen Fahrten. Dadurch, dass ich zuvor im Leben die ein oder andere Fahrt in einem Speedboot hinter mich gebracht hatte, wusste ich bereits, dass ich mich im unteren Bereich des Bootes möglichst mittig sitzend, am wohlsten fühle. Ich gab also mein Bestes, möglichst früh in das Boot einsteigen zu können, um mir den optimalen Platz zu sichern. Im Nachhinein gesehen waren meine Bemühungen irrelevant, da die

Anzahl der Passagiere überschaubar war und Raffi und ich eine ganze Reihe für uns allein hatten.

Die Fahrtzeit betrug zweieinhalb Stunden und bereits als alle Passagiere eingestiegen waren und der Motor startete, versuchte ich mich so gut wie möglich zu entspannen, um einschlafen zu können. Problemlos hatte ich mein Ziel binnen weniger Minuten erreicht. Zu meinem Pech allerdings wachte ich nach einer Fahrtzeit von gerade einmal 35 Minuten schweißgebadet im Liegen auf. Es gab keine Klimaanlage, weswegen eine unfassbare Hitze herrschte. Um mich davon abzulenken, setzte ich mir meine Kopfhörer auf, um eine Hörbuch-Session zu starten. Innerhalb weniger Minuten später begannen die Wellen allerdings spürbar größer zu werden und das Boot somit deutlich mehr zu schaukeln.

Bis zum heutigen Tage streite ich hoffnungsvoll die Möglichkeit ab, mich als "seekrank" zu bezeichnen. Obwohl mir während Bootsfahrten sehr oft übel wird und Schwindelgefühle in meinem Kopf auftauchen, schaffte ich es tatsächlich immer das Erbrechen zu umgehen, was auch an jenem Tag mein Ziel war. Ich wusste allerdings, dass es nur noch eine Frage der Zeit war, bis ich beginnen würde mich unwohl zu fühlen. Die geplante Ablenkung durch das Hören eines Hörbuches half zwar für kurze Zeit, wurde aber bei ersten Anzeichen des Unwohlseins abgebrochen. Ich fand mich selbst in einem Horrorszenario wieder, das knapp zehn Jahre zuvor stattgefunden hatte.

Gemeinsam mit meiner Familie befand ich mich auf einer zweiwöchigen Kreuzfahrt in der Karibik. Da ich auf dem riesigen Kreuzfahrtschiff keinerlei Probleme hatte, erwartete ich mir keine Veränderungen zu einem Speedboot, das uns auf eine Insel brachte, auf der wir mit Delfinen schwimmen konnten. Die Hinfahrt dauerte etwa eine Stunde lang und zeigte mir, wie lang sich 60 Minuten anfühlen können, wenn man Durchhaltevermögen beweisen muss. Bei jener Fahrt befanden sich meine Eltern und meine damals fünfjährige Schwester mit mir im oberen Bereich des Bootes in der letzten Reihe. Schnell wurde ich mit der Seekrankheit meiner Mum bekannt gemacht, der man von Beginn an das Leiden anmerkte. Mein Dad war vollkommen damit beschäftigt für meine Mum da zu sein.

Ich saß genau neben ihr und meiner Schwester, die sich während der Fahrt ausgesprochen ruhig verhalten hatte, beim Aussteigen allerdings alles verlor, was sie zuvor beim Frühstück gegessen hatte. Während diesen 60 Minuten gab ich keinen einzigen Mucks von mir, hielt mich mit beiden Armen so fest und verkrampft wie möglich am Sitz fest, starrte ununterbrochen auf einen Punkt und dachte an vergangene Erlebnisse meines Lebens, um mich so gut wie möglich abzulenken. Es handelte sich um eines der erinnerungswürdigsten Horror-Szenarien meines Lebens, das ich niemals wieder vergessen könnte.

Trotz dieser negativen Erfahrung zwinge ich mich seither dennoch immer wieder in ein Boot, wenn es sein muss. Mit tiefstem Vertrauen in mein Durchhaltevermögen stürzte ich mich also auch auf diese Herausforderung im sogenannten "Balisee". Ich versuchte mich so gut wie möglich an die Maßnahmen zu erinnern, die ich zehn Jahre zuvor umgesetzt hatte, um Schlimmeres zu verhindern. Ich begann mich für einen Punkt zu entscheiden, den ich ununterbrochen anvisieren konnte, um in Gedanken in vergangene Erlebnisse einzusickern. Zugegeben, dadurch, dass diese Fahrt mehr als doppelt so lang andauerte, wie damals in der Karibik, war die Challenge bedeutend schwieriger zu bewältigen.

Zwischendurch kam ich zu einem verdammt kritischen Zustand, aber selbst in diesen Zeiten gab ich nicht auf. Ich versuchte stark zu bleiben und redete mir immer wieder ein, dass es keine andere Option für mich gäbe, als durchzuhalten. Jede Minute, die ich hinter mir hatte, half mir dabei mich bis zum Ende zu pushen. Tatsächlich gelang es mir bis zum Ausstieg mich nicht zu übergeben. Da mir zu diesem Zeitpunkt aber sehr schlecht war, befürchtete ich, dass dies in der anschließenden Busfahrt nachgeholt werden würde. Zu meinem Glück kam aber der Bus wie gewöhnlich mit einer ordentlichen Verspätung. Während wir warteten, konnte mich eine Flasche Cola wieder zurück zu einem erträglichen Zustand bringen.

Während der Busfahrt wurde mir glücklicherweise nicht mehr schlecht, dennoch war sie alles andere als entspannend. In einem Minivan, in den maximal acht Leute reinpassen, wurden elf Touristen gequetscht. Die Koffer wurden im Kofferraum so hochgestapelt, dass sie den Menschen in der letzten Reihe bei einer stärkeren Bremsung mit Sicherheit auf den Kopf fliegen würde. Aufgrund dessen, dass es so eng in Auto war, dauerte es auch nicht lange, bis jeder im Fahrzeug völlig verschwitzt war. Zuerst dachte ich, ich hätte Glück gehabt vorne neben dem Fahrer zu sitzen. Nach kürzester Zeit fing dieser allerdings im Minutentakt an, aus dem Fenster zu spucken, nachdem er alles, was er in seinem Rachen hatte, mit einem ekelerregenden Geräusch ansammelte. Alternativ fing er im Auto auch immer wieder zu rülpsen an, wodurch ich meine Dauer des Luftanhaltens gut trainieren konnte.

Mit dieser Geschichte wollte ich nicht bezwecken, jemanden den Appetit zu verderben, sondern eine wichtige Message zu teilen. An jenem Tag habe ich nämlich gelernt, dass es im Leben immer wieder Situationen geben wird, die man so gut wie möglich vermeiden wollen würde. Manchmal geht das aber nicht. Ab und zu müssen wir uns dazu zwingen Dinge zu tun, bei denen wir uns nicht wohlfühlen, um Erlebnisse zu kreieren, die das Leid wert sind. Manchmal ist es wichtig, einfach mal die Zähne zusammen zu knirschen und das eigene Durchhaltevermögen zu testen. Wer weiß, vielleicht bringt das einen im Leben früher oder später auf Erlebnisse, die ohne die Überwindung des eigenen Schweinehundes gar nicht erst entstanden wären. Kurz gesagt: Go through it and grow through it.

> *"Wer denkt, es sei lang eine Stunde in die Arbeit zu pendeln, sollte mal eine Busreise von Thailand nach Laos antreten."*

Wie in einer Geschichte etwas zuvor bereits erwähnt, war die Einreise von Thailand nach Laos nicht gerade kurz. Von Start bis Ende dauerte das gesamte Prozedere beginnend von unserer Unterkunft in Thailand bis zur Ankunft in unserer Zieldestination in Laos satte 22 Stunden!

"It feels so exciting – every time we arrive in another country without any plans, knowledge or expectations, we just subsequently figure things out once we get there", waren die abschließenden Worte, die ich zu einem kanadischen Backpacker kurz vor meiner Ausreise aus Thailand im letzten Hostel sagte.

Die Uhr schlug 08:50 Uhr und alles, was Raffi und ich zu diesem Zeitpunkt wussten, war, dass wir jeden Moment von einem Van abgeholt werden und am nächsten Tag gegen 05:00 Uhr morgens in der Stadt Luangprabang in Laos ankommen würden. Beim ersten Zwischenstopp nutzte ich die 30-minütige Pause, um meine übrigen Baht zu wechseln. Ich habe zuvor gelesen, dass es ein Vorteil ist, wenn man US-Dollar beim Reisen mit sich trägt, da diese in manchen Ländern an den Landesgrenzen für das "Visa-on-arrival" benötigt werden. Daher entschied ich mich mir noch einen Cappuccino zu kaufen und anschließend bei einem Money Exchange Schalter die übrigen Baht in US-Dollar zu wechseln, um billigere Kurse als direkt an der Grenze zu bekommen. Merkwürdigerweise verkaufte dieser Schalter jedoch keine US-Dollar, weswegen meine Idee, mir etwas Geld zu sparen, den Bach hinunter ging.

Der nächste Stopp war in einer kleinen Stadt äußerst nah an der Staatsgrenze zu Laos. Hier stiegen die Backpacker aus, die anstatt der langen Busfahrt eine 2-tägige, etwas teurere Bootsfahrt gebucht hatten. Kurzzeitig wurden wir auch gebeten in die Unterkunft dieser Reisenden einzutreten, wo wir an der Rezeption einen Deal angeboten bekamen. Die Rezeptionistin meinte, sie könnte uns einen billigeren Wechselkurs für US-Dollar als an der Grenze anbieten. Da mussten wir feststellen, dass es sich genau um die 40 Baht, die ich zuvor für einen Cappuccino ausgegeben hatte, nicht ausging. Somit borgte uns die Rezeption das nötige Geld, während sich unser Fahrer unsere Reisepässe als Pfand nahm und Raffi und mich zum nächsten Bankomaten brachte.

Als der Geldwechsel-Prozess beendet war, fuhren wir als einzig übrige Gäste mit dem Van weiter an die Landesgrenze. Angekommen ging es gleich los mit dem ersten Schritt: das Ausreisen. Die Ausreise dauerte nicht lange, da kaum Reisende vor Ort waren und der Mann am Schalter sich als Fan der Stadt Wien outete. Kurzzeitig hatten wir gedacht, dass wir mit der Ausreise auch bereits in Laos eingereist waren, aber Pustekuchen. Wir gingen ein Stück weiter, bis wir in einen neuen Bus steigen mussten, der uns zum Einreiseschalter nach

Laos brachte, wo wir nebenbei bemerkt die einzigen Touristen waren.

Es dauerte eine Weile, bis wir das Einreiseformular ausgefüllt hatten. Als wir dieses eingereicht hatten, mussten wir einen US-Dollar zahlen, der angeblich zusätzlich anfällt, wenn man am Wochenende einreist. Nach einem 20-minütigen Prozedere bekamen wir unser Visum und gingen zum nächsten Schalter, bei dem von uns 35 Dollar verlangt wurden. Spannenderweise hatte uns die Frau an der Rezeption zuvor nur 25 US-Dollar verkauft, weswegen wir erneut einen Bankomaten aufsuchen mussten. Als der Mann am Schalter bemerkte, wie genervt wir von der Tatsache waren, erneut Geld abheben zu müssen, bot er uns an, dass wir das übrige Geld in KIP (laotische Währung) bezahlen konnten, die wir sowieso früher oder später gebraucht hätten. Im Nachhinein gesehen war es sogar gut, dass wir diese gleich bei uns hatten, da wir andernfalls kein Geld für das Abendessen gehabt hätten. Sobald wir erfolgreich eingereist waren, holte uns ein neuer Van mit einem Beifahrer ab, der ein Schmunzeln in mir erzeugte. Am Beifahrersitz saß (ohne Käfig) ein Huhn, das sorgenlos am Sitz hockte, als wäre es des Fahrers bester Freund...ein amüsanter Anblick!

Nach fünf Minuten endete diese Fahrt allerdings wieder und wir stiegen in einen für unseren Geschmack etwas anderen Reisebus um. Vor dem Betreten des Fahrzeugs, wurden wir gebeten unsere Schuhe auszuziehen und in ein Plastiksackerl zu verstauen. Ja richtig, in diesem Bus waren alle Passagiere barfuß unterwegs. Außerdem gab es keine Sitze, sondern dünne Matten, auf die man sich legen konnte. Links und rechts vom Gang gab es niedrige, kleine Stockbetten, am Boden befand sich genauso wie an der Wand eine dünne Ledermatte. Raffi und ich nahmen uns je ein unteres Bett, das so klein war, dass ich mich nicht einmal normal aufsetzen konnte, ohne mir den Kopf anzustoßen. Dennoch war dieser Bus gemütlicher als zuerst erwartet und zur Abwechslung eine coole, neue Transporterfahrung. Im gesamten Bus waren wir die einzigen Backpacker, alle anderen Passagiere waren Thailänder oder Laoten.

Als ich nachts den Busfahrer fragte, ob es ein Klo im Bus gibt, antwortete er mit "One Minute!". Dann blieb er an der Straßenseite stehen und öffnete die Tür. Barfuß lief ich ein paar Meter in den dunklen Wald. Während ich meine volle Blase entleerte, dachte ich über ein Horrorszenario nach und überlegte mir, was passieren würde, wenn der Fahrer ohne mich wegfährt. Ein grausamer Gedanke, der zum Glück nur ein Teil meiner Fantasie blieb. Als ich wieder einstieg, kam mir der Gedanke hoch, dass es etwas mühsam für den Fahrer werden könnte, wenn ich wie gewöhnlich regelmäßig aufs Klo müsste. Um Unannehmlichkeiten zu vermeiden, entschied ich mich also dafür, von diesem Punkt an möglichst wenig Wasser zu trinken und mich zum Einschlafen zu bringen. Kurz bevor mir dies gelang, machten wir allerdings um 01:00 Uhr nachts einen Stop bei einem bescheidenen Essensmarkt mitten im Nirgendwo. Tatsächlich war kilometerweit nichts anderes als dieser Markt, der offenbar extra auf die Busreisenden ausgelegt war.

Da wir bis dahin noch keine Möglichkeit bekamen zu Abend zu essen, waren wir dementsprechend wahnsinnig hungrig. Dadurch, dass es mir schwer fiel das Essen, das zur Wahl stand, zu identifizieren und mir die Verkäufer dabei nicht weiterhelfen konnten, entschied ich mich für etwas Einfaches und wählte ein Chili-Huhn mit Reis. Mit der Währung hatte ich anfangs leichte Schwierigkeiten, da man gut auf die Anzahl der Nuller achten musste. (10.000 KIP entsprachen etwa einem Euro)

Nach einem Bissen vom Essen fiel mir auf, dass das Fleisch komplett kalt war. Beim zweiten Bissen bemerkte ich, dass es ungewöhnlich weich war und komisch schmeckte. Beim dritten und vierten Bissen begann ich zu bezweifeln, dass es sich bei dieser Speise überhaupt um Fleisch handelte. Zur Sicherheit ließ ich es stehen und aß nur noch den Reis. Anschließend aß ich noch zwei weitere Portionen Reis, die mich zwar nicht vollständig sättigten, mir aber zumindest keine Angst um meinen Magen bereiteten.

Nach dem Essen stellte sich die Busfahrt als Qual heraus. Der Boden war zwar angenehm zum Liegen, aber dadurch, dass die Straßen so holprig waren und das komplette Fahrzeug somit alle paar Sekunden zum Rütteln begann, wurde einem jede Chance auf tiefen Schlaf genommen. Bei dieser Nacht war mein Schlaf also lediglich auf vereinzelte "Ruhephasen" beschränkt. Um 06:30 Uhr in der Früh gingen plötzlich die Lichter innerhalb des Busses an. Daraufhin wurden wir aufgefordert auszusteigen. Raffi und ich waren nicht nur hundemüde, sondern auch komplett verwirrt, da wir uns mitten in der Pampa befanden. Ein fremder Mann kam auf uns zu, fing an wiederholt "Tuk-Tuk" zu sagen und zeigte auf ein kleines, bescheidenes Gefährt.

Ich nahm an, dass er uns davon überzeugen wollte, uns zu unserer Unterkunft zu bringen und nachdem weit und breit keine anderen Menschen als er und seine Kollegen vor Ort waren, folgten wir ihm. Die Fahrt dauerte eine weitere halbe Stunde und der Fahrtwind in seinem engen Gefährt blies mir direkt ins Gesicht und war so kalt, dass ich selbst mit meinem Pullover fror. Auf meinen Füßen trug ich gerade einmal Sandalen, doch zu meinem Glück fiel mir ein, dass ich zufälligerweise ein Sockenpaar in meinem kleinen Rucksack eingepackt hatte.

Todmüde wurden wir um etwa sieben Uhr vor unserer gebuchten Unterkunft abgesetzt. Hier mussten wir allerdings noch bis 11:00 Uhr warten, um einchecken zu können. Sowohl Raffi als auch ich waren zu erschöpft von der langen Busfahrt, um in der Zwischenzeit die Gegend zu erkunden. Da die Temperaturen im Laufe des Vormittags bis zu 35 Grad erreichten, blieben wir im Schatten und vertrieben unsere Zeit mit Recherche darüber, was wir in den nächsten Tagen alles machen und ansehen könnten.

Fakt ist, diese lange Busfahrt war zwar einerseits sehr anstrengend, sorgte aber andererseits für ein unvergessliches Erlebnis.

> *"Manchmal bewahren uns unsere Fehler vor noch größeren Fehlern."*

Am letzten Morgen meiner Zeit in Laos hatte ich nur noch die Vorfreude auf das nächste Land im Kopf: Vietnam. Die Einreise sollte allerdings nicht weniger kompliziert werden als die in Laos, womit zu Beginn selbstverständlich keiner gerechnet hatte. An jenem Morgen weckte Raffi und mich mein Handywecker, damit wir rechtzeitig aufstehen konnten, um noch unsere Rucksäcke zusammenzupacken und zu frühstücken, bevor wir uns auf den Weg zum Flughafen machten. Während des Frühstücks begann ich wieder damit bereits über Vietnam nachzudenken. Da fiel mir sofort unser Vorhaben ein. Es gab die Möglichkeit anstatt eines Visums um 50 Euro lediglich eine Aufenthaltsgenehmigung zu beantragen, mit der man sich bis zu 14 Tage im Land aufhalten durfte. Zu diesem Zeitpunkt waren wir noch geizig und naiv genug, sodass wir auf die Aufenthaltsgenehmigung bestanden, um dadurch Geld zu sparen.

Mein Bauchgefühl brachte mich dazu, ein letztes Mal einen Blick auf die Website des österreichischen Außenministeriums zu werfen. Auf der Internetseite war allerdings kein Wort von der

Aufenthaltsgenehmigung zu finden und ich bekam eine leichte Unsicherheit in mir zu spüren. Ich begann nach der Website zu suchen, in der ich von der Genehmigung erfahren hatte und musste kurze Zeit später feststellen, dass es sich dabei um eine deutsche Website handelte und die Genehmigung nur auf deutsche Touristen zutraf.

Dieser auf 15 Tage limitierte Aufenthalt steht nur einer sehr begrenzten Anzahl an Ländern zur Verfügung und ich stellte fest, dass Österreich nicht zu dieser Liste dazugehört. Als ich begann zu lesen, dass Österreicher für eine Einreise nach Vietnam in jedem Fall ein im Vorhinein organisiertes Visum brauchen, begann die Panik in mir rasant zu steigen und mein Herz rutschte mir kurzzeitig in die Hose. Nicht einmal für die schnellstmögliche Art und Weise ein Visum zu bekommen war noch Zeit, da es nur noch wenige Stunden bis zum Abflug waren. Infolgedessen fragte ich Raffi, wie wir unser Problem am besten lösen konnten. In dieser Situation hatte er allerdings nur noch den Fokus darauf, wie das passieren konnte und war genervt. Es begann die erste richtige Diskussion zwischen uns. Er war sauer, weil mir dieser Fehler passiert war und ich war einerseits vom Problem an sich genervt und zusätzlich darüber, dass ich es immer war, der sich um solche Angelegenheiten allein gekümmert hatte.

Trotz all der Gefühle wie Selbsthass, Wut und Verblüffung, die in mir herumschwirrten, dachte ich schnellstmöglich über unsere Optionen nach. Als erster Gedanke fiel mir die einheimische

Rezeptionistin ein. Als ich diese um Hilfe fragte, begann sie nacheinander Leute anzurufen, um eine Lösung zu finden. Schlussendlich kam sie zu dem Entschluss, dass die billigste und vermutlich sinnvollste Lösung für uns sei, den Flug um einen Tag zu verschieben und ein Visum zu beantragen, das einem innerhalb von 24 Stunden zur Verfügung steht. Diese Lehre kostete mich 105€ und sorgte dafür, dass ich seitdem deutlich achtsamer und aufmerksamer beim Einreisen in neue Länder geworden bin. Mein Motto des Tages lautete: "Fehler passieren, aber in diesem Fall nur einmalig."

Am nächsten Morgen bekamen wir rechtzeitig unser Visum und machten uns am Weg zum Flughafen. Dort verkauften die Money-Exchange-Schalter merkwürdigerweise keine US-Dollar, die wir ebenfalls für die Einreise benötigten. Wir erfuhren jedoch, dass es am Flughafen ein Juweliergeschäft gab, das amerikanische Dollar verkaufte. Der Shop hatte zwar einen recht teuren Wechselkurs und der Geldwechsel wirkte alles andere als offiziell, aber da uns nichts anderes übrigblieb und wir kein weiteres Risiko bei der Einreise mehr eingehen wollten, tauschten wir unsere restlichen laotischen KIP um.

Beim vietnamesischen Immigration Office verbrachten wir tatsächlich mehr Zeit als im Flugzeug. Der Einreiseprozess kostete uns so viel Zeit, sodass unsere großen Rucksäcke als einzige Gepäckstücke des Fluges noch übrig waren und mutterseelenallein neben dem Fließband lagen. In Wien wäre so etwas niemals möglich gewesen, da gefühlt alle fünf Minuten darauf aufmerksam gemacht wird, dass keine Gepäcksstücke unbeobachtet herumstehen dürfen. Hier in Vietnam hingegen schien das niemanden zu jucken und blieb unbeachtet.

> *"Im Leben läuft nicht immer alles nach Plan."*

Die Tage 181 bis 185 dieser Reise verbrachte ich auf der hawaiianischen Insel O'ahu, wovon den meisten Leuten allerdings eher die Hauptstadt "Honolulu" ein Begriff ist. Nach einem längeren Flug, der in Christchurch startete und einen Zwischenstopp in Auckland machte, durfte ich dank der Zeitzonengrenze den 28. Februar ein zweites Mal erleben.

Nachdem ich für den Shuttlebus (in dem es sich nebenbei bemerkt richtig merkwürdig anfühlte wieder auf der rechten Straßenseite zu fahren) zu meinem Hostel 18 US-Dollar zahlen musste, wurde ich vor die falsche Unterkunft abgesetzt und musste bei 34 Grad 20 Minuten lang vollbepackt zu meinem richtigen Hostel zu Fuß gehen. Nachdem ich eingecheckt hatte, setzte ich mich für eine Stunde in ein Kaffeehaus, um Energie zu tanken und telefonierte dabei mit Freunden von Zuhause, bei denen es gerade 04:15 Uhr nachts war. Während sie alle gerade am Biertrinken waren, schlug die Uhr bei mir 16:15 Uhr und ich trank genüsslich meinen Nachmittagsespresso.

Anschließend spazierte ich etwa drei Kilometer weit zum nächsten großen Supermarkt, wo ich mir Essen zum Selbstkochen für die nächsten Tage besorgte. Mein erster Eindruck vom Inselteil "Waikiki" war, dass es sich anfühlte wie in einer klassisch amerikanischen Großstadt. Das Inselfeeling blieb mir zu dem Zeitpunkt noch vorenthalten. Während der Abenddämmerung machte ich mich vollbepackt mit einer großen Einkaufstasche, die ich aus Neuseeland mitgenommen hatte, auf den Weg zurück zur Unterkunft, als mir plötzlich durch den Wind ein 20 Dollar Schein entgegen gewecht kam. Ich konnte mein Glück kaum fassen und entschied mich dazu es mit jemandem zu teilen.

Gegen Ende des Spaziergangs ging ich an einem Obdachlosen vorbei, der mit seinem Hund am Straßenrand saß und um Geld bettelte. Nach kurzer Überlegung entschied ich mich dafür, dass er derjenige sein sollte, mit dem ich mein Glück teilen wollte und gab ihm einen zehn Dollar Schein in die Hand. Die Freude war ihm ins Gesicht geschrieben und löste umso mehr Glücksgefühle in mir aus. Nachdem er sich mit den Worten "God bless you brother" bei mir bedankt hatte, ging ich mit einem zufriedenen Gesichtsausdruck und einem guten Gewissen weiter.

Als ich im Hostel ankam, war es bereits dunkel geworden und ich begann mein Essen zu beschriften, wie es schließlich in einer Gemeinschaftsküche üblich ist. Schnell stellte ich fest, dass eine kleine Party an jenem Abend stattfand. Merkwürdigerweise war ich allerdings der einzige Anwesende, der wirklich gut drauf war. Alle anderen machten einen deprimierten, traurigen Eindruck und ich begriff einfach nicht wieso.

Ich entschied mich also dazu, nachzufragen, woraufhin ein älterer Herr mir erklärte, dass einer der Mitarbeiter am Wochenende zuvor bei einem Campingausflug verstorben war. Aufgrund seiner Art und Weise wie er das Burger-Buffet aufgebaut und mit den anderen Mitarbeitern kommuniziert hatte, machte ich die Schlussfolgerung, dass der Mann der Besitzer oder zumindest der Manager des Hostels gewesen sein müsste. An jenem Abend war das gesamte Personal versammelt und veranstaltete eine Gedenkfeier zum Abschied des jungen Mannes, der von ihnen gegangen ist.

Wenig später entdeckte ich in der Lobby einen dezent dekorierten Tisch, auf dem unter anderem ein Bild von dem jungen Mann stand, das von Kerzen umkreist war. Außerdem war der Schriftsatz "Live every day like it was your last because one day you will be right" zu lesen. Ein Satz, den man immer wieder zu hören bekommt, der einen aber jedes Mal aufs Neue zum Nachdenken bringt. Ich begann zu begreifen, dass sobald ich über diesen Spruch nachdachte, mir kaum noch etwas einfiel, wovor ich Angst haben könnte.

Ich ließ mir von einer jungen Mitarbeiterin erzählen, wie viel Lebensfreude der verstorbene Kerl regelmäßig ausgestrahlt hatte. Alle hatten das Gefühl, dass er ein kurzes, aber erfülltes Leben gelebt hatte und die Menschen um sich herum allein durch seine Anwesenheit glücklicher gemacht hatte. Als ich diese netten Dinge, die über ihn gesagt wurden, zu Ohren bekam, begann ich schon leicht mit Tränen zu kämpfen und drückte dabei mein tiefstes Mitgefühl aus.

Es ist ein angsteinflößender Gedanke, dass der Tod jede mögliche Person theoretisch an jedem X-beliebigen Tag einholen könnte. Darüber nachzudenken, hilft mir allerdings gut dabei, mich auf die wichtigen Dinge des Lebens zu konzentrieren und anstatt zu viel zu hinterfragen, die schönen Dinge des Lebens einfach mit Freude zu genießen.

Mit dem verstärkten Bewusstsein über das Geschenk des Lebens, das ich an jenem Abend ansammeln konnte, startete ich energiegeladen in den nächsten Tag. Nach dem Frühstück machte ich mich am Weg zu einer Bushaltestelle, die etwa drei Kilometer von meinem Hostel entfernt lag. Das Ziel des Tages war es, die "Manoa Falls"-Wasserfälle anzusehen. Dabei befand ich mich bereits zehn Minuten vor der geplanten Abfahrtszeit vor Ort und wartete allein auf den Bus. Mit zehnminütiger Verspätung blieb der Bus bei der Haltestelle stehen und öffnete die Türen. Als ich eintrat und gerade ein Ticket kaufen wollte, entdeckte ich ein Schild, das unter dem Fahrer hing, mit der Aufschrift "Manoa Falls closed".

Mir blieb also nichts anderes übrig, als rechtzeitig aus dem Bus zu steigen, bevor er die Türen schloss und mir einen neuen Plan zu überlegen. Ich besorgte mir einen Coffee-to-go an der nächsten Ecke und setzte mich damit bei sommerlichen Wetterbedingungen in den nächstgelegenen Park. Da ging ich meine Liste mit möglichen Unternehmungen durch und entschied mich für den sogenannten "Diamond-Head-Hike", der sich zeitlich noch gut ausgehen würde. Auch hierfür befand ich mich bereits zehn Minuten vor Abfahrt bei der Bushaltestelle, diesmal kam der Bus allerdings nicht verspätet, sondern gar nicht. Also wartete ich auf den nächsten Bus, der laut Fahrplan 35 Minuten später kommen sollte. Als jedoch auch dieser nicht erschien, wurde ich sauer.

"Warum musste mir einmal wieder so ein Blödsinn passieren? Wieso immer mir?", dachte ich mir in der Situation. Es war etwa 16:00 Uhr und es fühlte sich so an, als wäre der komplette Tag bereits vergeudet gewesen. Nachdem keine Zeit mehr für andere größere Unternehmungen war, ging ich ein paar weitere Kilometer Richtung Strand. Direkt beim Meer setzte ich mich auf einen großen Felsen und blickte auf den Horizont.

Mit der Zeit wurde die Wut weniger und die Klarheit mehr. Mir wurde wieder bewusst, dass nicht jeder Tag der beste werden kann. Allerdings kann jeder Tag ein schlechter werden, wenn man ihm die Chance dazu gibt. Ich begriff, dass es keinen Sinn hat sich über Dinge aufzuregen, die man nicht selbst in der Hand hat und dafür seinen Fokus vollkommen den Dingen widmen sollte, auf die man einen Einfluss haben kann.

Mit dieser Erleuchtung ging ich zurück zu meiner Unterkunft, sprang in meine Sportklamotten und ging eine Runde an der Strandpromenade entlang Laufen. Anschließend begann ich mir mein Abendessen zu kochen und kam dabei mit anderen Gästen, die sich ebenfalls zum selben Zeitpunkt in der Gemeinschaftsküche befanden, ins Gespräch.

Klar war es schade, dass an jenem Tag nicht alles so lief, wie ich es geplant hatte, aber ich denke, dies ist eine Erfahrung, mit der jeder immer wieder in Berührung kommt. Das Beste, was man damit anfangen kann, ist, das Beste aus der Situation zu machen. Wer es lernt mit schlechten Karten trotzdem gut spielen zu können, kann es auch schaffen, aus einem schlechten Tag etwas Positives herauszuholen. Vereinfacht gesagt: "Wenn dir das Leben Zitronen schenkt…", ich denke jeder weiß, wie es weitergeht.

Am nächsten Tag wollte ich diese Erkenntnisse in die Praxis umsetzen und entschied mich dazu mein Glück selbst in die Hand zu nehmen, komme was wolle. Um 09:00 Uhr morgens wurde ich von Lara, einer Deutschen, die ich auf den Fidschi-Inseln kennenlernen durfte, mit einem Mietauto abgeholt. Das Ziel des Tages war den sogenannten "Stairways to heaven trail" bis zur Spitze hinaufzuwandern. Trotz matschigen Bodenverhältnissen kamen uns im Regenwald tatsächlich zwei Japanerinnen in Stöckelschuhen entgegen, die sich offenbar nur am Beginn des Weges aufgehalten hatten, um Fotos zu schießen. Nach einer Weile begann mir der matschige Boden zu gefallen. Er sorgte dafür, dass sich die Wanderung umso abenteuerlicher anfühlte.

Zu Beginn waren wir uns nicht bewusst, wie lange es dauern würde den Pfad abzugehen, bis uns nach etwa einer Stunde ein Mann entgegenkam und uns mitteilte, dass wir noch mindestens drei weitere Stunden brauchen würden, um ganz nach oben zu gelangen. Ab einer gewissen Höhe wurde der Wind außerordentlich stark und stieß einen um einen Meter auf die Seite, wenn man nicht fest auf beiden Beinen stand. Der Weg wurde auf Dauer kontinuierlich steiler und der Nebel wurde so stark, dass man ab einem gewissen Punkt nicht einmal mehr weiter als zehn Meter sehen konnte.

Teilweise mussten wir uns auf allen Vieren fortbewegen oder uns mit einem Seil in die Höhe ziehen. Dieser Hike war nicht von schlechten Eltern und stellte mein Durchhaltevermögen einmal wieder auf die Probe. Beim letzten Stück war es empfehlenswert nicht nach unten zu sehen. Der Weg war zwar gute eineinhalb Meter breit, jedoch ging es links und rechts richtig steil bergab und der kräftige Wind brachte einem schnell aus der Balance. Man musste sehr vorsichtig voran gehen, ansonsten würde man am steilen Hang hinunterkugeln. Der immer stärker werdende Wind und der immer dichter werdende Nebel waren dabei alles andere als hilfreich. Als es Lara und ich es endlich an die Spitze schafften, war vom Nebel kaum noch eine Spur zu finden, wodurch wir mit einer unglaublichen

Aussicht auf Honolulu und das sich dahinter befindende Meer belohnt wurden.

Beim Abstieg waren wir anfangs unachtsam und nahmen eine falsche Abzweigung, die uns nach knapp 20 Minuten ins Nichts führte. Infolgedessen durften wir das bereits gewanderte Stück wieder bergauf zurückgehen. Der Abstieg zog sich allgemein ziemlich in die Länge und war (vor allem bei dem Stück mit dem Seil und auf allen Vieren) unfassbar anstrengend.

Nach einer Weile begannen mir die Fußgelenke weh zu tun und durch den Schlamm war es mir nicht möglich ein mehrmaliges Ausrutschen zu verhindern. Insgesamt waren wir ganze 24 Kilometer gewandert, was dazu führte, dass ich todmüde und vollkommen erledigt beim Mietauto ankam. Es war genau die Art von Abenteuer, die ich gebraucht hatte und ich bekam wieder einen positiven Aufschwung, was meine Abenteuerlust anging. Vor allem nach harten und mühsamen Tagen sind es die Tage, an denen es wieder ein Stück besser läuft, die uns "back on track" bringen.

"Wenn du denkst, du stehst kurz vor dem Limit, lernst du erst kennen, was sich alles noch darüber befindet."

Diese Geschichte beginnt bei Tag 88 der Reise um 03:15 Uhr nachts, als ich gerade im Zentrum der Insel Java nächtigte und mein Wecker läutete. Mit etwas Verspätung wurde ich um 03:50 Uhr von einem Van abgeholt, der Teil einer Organisation war. Der Fahrer brachte mich und drei andere Backpacker auf einen Hügel ganz nah zum weltbekannten Tempel Borobudur. Um kurz vor 05:00 Uhr kamen wir an der Spitze des Hügels an und sahen genüsslich im Halbschlaf der Sonne dabei zu, wie sie hinter dem einzigartigen Tempel langsam aufging. Überall rundum war Grün zu sehen, der Tempel war leicht mit Nebel bedeckt und es waren sowohl Grillen als auch kreischende Hähne aus der Stadt zu hören. Als die Sonne aufgegangen war, besorgte ich mir gemeinsam mit einer Holländerin, die ein paar Jahre älter als ich war, ein etwas teureres Eintrittsticket für den Tempel, dessen zusätzliche Kosten einem Sozialprojekt für die Entwicklung der anliegenden Dörfer zugutekamen.

Bei der Besichtigung des Tempels von innen fiel mir auf, dass sich zu dieser Zeit außergewöhnlich viele Schülergruppen dort aufhielten. Unerwarteterweise hatte so gut wie jedes dieser Kinder ein eigenes Smartphone, das an einem Selfiestick befestigt wurde. Ich war es bereits gewöhnt, dass mich Einheimische um ein Foto mit ihnen fragten, daher war es für mich kein Wunder, dass ich auch an diesem Vormittag durch die ein oder andere Fotosession musste.

Der Tempel an sich war wahnsinnig beeindruckend, aber meines Erachtens waren die knapp 27 Euro, die ich für den Ausflug zahlen musste, für ein billiges Land wie Indonesien deutlich zu teuer.

Nachdem ich zurück zur Unterkunft gebracht worden war, folgte ein notwendiges, einstündiges Mittagsschläfchen bis etwa 13:30 Uhr. Da ich zu faul und schläfrig dafür war einen Kilometer zu marschieren, um etwas zu Essen zu besorgen, ließ ich mir über eine asiatische App namens "Grab" Essen zu meiner Unterkunft liefern. Es gab dabei allerdings ein paar Komplikationen, da der Fahrer zuerst das Hostel nicht finden konnte, dann kein Wechselgeld dabeihatte und mir am Ende zu viel Geld zurückgab.

Nachmittags traf Raffi, mit dem ich zuvor ein paar Tage getrennte Wege eingeschlagen hatte, um auszuprobieren wie es ist, allein zu reisen, wie ausgemacht im Hostel ein. Als wir mit dem Erzählen unserer Erlebnisse der vorigen Tage fertig wurden, erzählte ich ihm von den zwei Vulkanen, die sich gerade einmal eine Stunde mit dem Auto von uns entfernt befanden. Zuvor hatte ich mich an der Rezeption darüber erkundigt und erfahren, dass einer der beiden für einen längeren Zeitraum gesperrt war und somit nur noch der andere für eine Nachtwanderung in Frage kam. Außerdem wurde mir erzählt, dass wir für diesen Ausflug nicht unbedingt einen eigenen Guide brauchten, wenn wir uns Geld sparen wollen würden.

Noch am selben Abend wollte ich diese Wanderung mit einem 19-jährigen Deutschen namens Peter, den ich ein paar Tage zuvor in einem weiter westlich liegenden Ort der Insel kennengelernt hatte und durch Zufall in Yogyakarta wiedertraf, antreten. Mit überzeugenden Argumenten gelang es mir Raffi, der mir zu Beginn noch absagen wollte, dazu zu überreden sich uns anzuschließen.

Nachdem wir uns im Einkaufszentrum um die Ecke um 20:00 Uhr mit Peter getroffen hatten, um Proviant zu kaufen und noch einen starken Espresso zu trinken, wurden wir von einer Uber-ähnlichen Firma abgeholt, welche uns zum Basecamp des Vulkans bringen sollte, von dem mir der Rezeptionist zuvor noch erzählt hatte. Als wir uns dem Basecamp langsam näherten, begannen die Straßenverhältnisse deutlich schlechter zu werden. Bei einem gewissen Punkt meinte der Fahrer, er könne den restlichen Weg mit seinem Fahrzeug nicht befahren und setzte uns an einer unbeleuchteten Straße ab. Unsere eigene Orientierung war zu dem Zeitpunkt mangelhaft und der Empfang am Handy war zu schlecht, um uns damit navigieren zu können. Optimistisch gingen wir die dunkle Straße entlang, bis wir zu einer Brücke gelangten, auf der uns ein Truck überholte.

Glücklicherweise erkannte er unser hektisches Winken und blieb infolgedessen stehen. Als wir ihn in einem möglichst einfachen Englisch nach dem Basecamp fragten, erklärte uns der Fahrer mit vereinzelten englischen Worten, dass dieses noch etwa fünf Kilometer entfernt lag und bot an, uns ein Stück mitnehmen zu können. Aufgrund dessen, dass wir orientierungslos und dem Zeitplan etwas hinterher waren, nahmen wir sein Angebot dankend an.

Auf halbem Wege musste er uns absetzen, da der Mann in eine andere Richtung fahren musste. Diesmal waren wir allerdings an einer beleuchteten Straße und er zeigte mit dem Finger in welche Richtung wir gehen mussten. Nachdem wir steile zweieinhalb Kilometer die Straße hinauf gehen mussten, kamen wir um 23:28 Uhr am besagten Basecamp an. Wir waren die einzigen hier und weit und breit war kein anderer Mensch weder zu sehen noch zu hören. Im Internet hatte ich tagsüber Folgendes über die Dauer der Wanderung nachgelesen:

Sehr fortgeschrittene Wanderer müssen mit etwa fünf bis sechs Stunden rechnen, normale Gelegenheitswanderer mit sieben bis acht Stunden und Personen, die wenig Sport machen, etwa neun bis zehn Stunden. Da wir drei junge, sportliche Männer waren, rechneten wir also mit sechs bis sieben Stunden. Da es unser Ziel war, den Aufstieg bis Sonnenaufgang (05:30 Uhr) zu schaffen, wussten wir, dass es knapp werden würde. Somit blieben wir kontinuierlich von Beginn an bei einem zügigen Tempo mit wenigen, kurzen Pausen.

"Semangat" war das Motto der Wanderung, das Raffi ein paar Tage zuvor gelernt hatte. Es bedeutet so viel wie "Nicht aufgeben, du schaffst das!" Jedes Mal, wenn jemand von uns drei also leicht zu schwächeln begann, gelang es uns, ihn mit diesen Worten wieder zu motivieren.

Zu Beginn war es noch angenehm warm und es hatte gereicht kurzärmelig und mit Shorts zu wandern. Je höher wir allerdings kamen und je tiefer es in den Wald ging, desto niedriger sank die Temperatur. Es folgten belastende Passagen, die sich mit erholenden, geraden Strecken abwechselten. Zwischendurch machten wir ab und zu Pausen, die aber aufgrund der sich langsam bemerkbar machenden Kälte nie länger als zwei Minuten andauerten. Der Wald war stockfinster und unsere einzige Möglichkeit etwas zu sehen waren unsere Taschenlampen vom Handy.

01:00 Uhr:

Wir hatten bereits eine gute Menge an Höhenmetern gewonnen, sodass wir schon eine atemberaubende Aussicht auf die Stadt hatten. Über uns befand sich ein unfassbar klarer und funkelnder Sternenhimmel. Durch unser ehrgeiziges Tempo waren wir alle unter unseren mittlerweile langärmeligen Klamotten verschwitzt. Die Temperatur sank bereits spürbar. Es schien, als würde es von Minute zu Minute kälter werden und der Wind fühlte sich stärker an als zuvor.

Im Gegensatz zu Peter, der bis auf einen langen Trainingsanzug, den er bereits über sein Startoutfit angezogen hatte und sonst nichts Weiteres dabeihatte und Raffi, der erst während der Wanderung darauf kam, dass er seine dritte Schicht im Hostel vergessen hatte,

hatte ich noch eine Regenjacke in meinem Ausflugsrucksack zur Reserve eingepackt. Die teilweise anfallende extreme Steigung machte sich speziell in den Waden bemerkbar. Bei Peter fiel mir besonders auf, dass er langsam damit begann mit seiner Ausdauer zu kämpfen.

<u>01:45 Uhr:</u>

Es waren zwei Stunden und 17 Minuten seit dem Basecamp vergangen. Peter war im Laufe dieser Zeit immer blasser im Gesicht geworden. Wiederholt erwähnte er, dass ihm übel war. Irgendwann kam es zu dem Punkt, dass er bereit war aufzugeben. Er meinte, dass Raffi und ich ohne ihn weitergehen sollten und er auf uns warten werde, bis wir wieder zurückkommen würden. Da das keinesfalls in Frage kam, erklärte ich ihm, dass niemand zurückgelassen werden würde und wir es entweder alle gemeinsam raufschaffen oder keiner von uns. Mit ein paar aufmunternden Worten gepaart mit einer spontanen Motivationsrede meinerseits gelang es Peter wieder an sich selbst zu glauben und plötzlich marschierte er in einer enormen Geschwindigkeit an uns vorbei.

Nach wie vor waren wir auf keine einzige Menschenseele am Weg gestoßen, was ich mittlerweile begann zu hinterfragen. Bei einer kurzen Pause genoss ich die pure Ruhe, wie man sie nirgends anders bekommt. Dank der Höhenlage waren nicht einmal Grillen zu hören.

Je höher wir kamen, desto faszinierender war der Ausblick und desto stärker schienen die Sterne am Himmel zu funkeln.

02:15 Uhr:

Auf 2880 Höhenmetern konnten wir erstmals den Wind rauschen hören. Mir fiel auf, dass nun auch mein Körper langsam begann, müde zu werden und meine Waden fühlten sich schon leicht verkrampft an. Unsere Hände begannen zu frieren, Raffis Nase wurde rot und begann zu rinnen, als wäre es Winter und Peter war mehr oder weniger "kasweiß" im Gesicht, wie es ein Wiener sagen würde. Nichtsdestotrotz galt dem Geist eines jeden Einzelnen von uns nur ein Motto: Semangat!

03:00 Uhr:

Wir hatten nur noch etwas mehr als 200 Höhenmeter vor uns und wussten anhand der zu sehenden Steigung, dass diese uns den kompletten Rest geben würden! Unser Tempo wurde nochmals bedeutend langsamer und der Aufstieg entwickelte sich zum Kampf. Ab hier wusste ich, dass es jetzt nur noch um die Mentalität geht.

03:38 Uhr:

AM GIPFEL ANGEKOMMEN! In etwas über vier Stunden haben wir den Aufstieg von 1845 Höhenmetern geschafft (wobei der Weg vom Drop-off-Punkt des Fahrers zum Dorf, bei dem der Weg offiziell begann, nicht mit einkalkuliert war) und somit den Berg bei Nacht in absoluter Rekordzeit erklommen! Der Körper war vollgepumpt mit Dopamin und das Gefühlszentrum bestand aus Erleichterung, Freude und Stolz.

Dadurch, dass wir durch unseren Gefühlszustand kurzzeitig abgelenkt waren, ahnten wir zu Beginn noch nicht, dass der härteste Teil des Abenteuers noch vor uns lag. Nach wenigen Minuten fingen wir an zu realisieren, dass wir das Wetter drastisch unterschätzt hatten und stießen damit auf die nächste Herausforderung. Wir befanden uns auf 3142 Höhenmetern, die Temperatur war um null Grad Celsius herum und der eiskalte Wind verschlimmerte die Kälte umso mehr. Dadurch, dass wir es deutlich schneller bis zur Spitze schafften als gedacht, hatten wir noch knappe zwei Stunden, die wir hier oben verbringen mussten, um den Sonnenaufgang sehen zu können. Unsere Beine waren zu erledigt vom Aufstieg, um uns während der Überbrückungszeit großartig bewegen zu können.

Das Beste, was wir tun konnten, war uns hinter einen Felsen zu hocken, der leicht windgeschützt war. Ich überließ Peter, der den Eindruck machte, jeden Moment ernsthaft zu erfrieren, meine windgeschützte Regenjacke. Dadurch waren wir alle mit drei dünnen Schichten angezogen und spürbar unterkühlt. Als ich meinen Rucksack durchforstete, entdeckte ich eine pinke Haube mit der Aufschrift "Bad Boy", die ich ein paar Wochen zuvor gratis beim Einkauf einer Baseballkappe dazu bekam.

Zuvor hätte ich zu bezweifeln gewagt, dass ich diese jemals in meinem Leben aufsetzen würde, aber in jener Nacht war ich unfassbar glücklich darüber, dass ich sie im Rucksack behalten hatte. Abgesehen davon hatte ich noch zusätzlich eine Einweg-Mund-Nasen-Schutzmaske, die ich einst bei einem Ausflug gebraucht hatte. Dank ihr konnte ich mir mein Gesicht etwas wärmen, indem ich sie regelmäßig anhauchte, während ich sie trug. Zu guter Letzt fand ich ein Sockenpaar im vorderen Fach des Rucksacks. Dieses verwendete ich als Handschuhe und half mir dabei, meine Finger noch anständig bewegen zu können.

Nach den ersten 45 Minuten der Überbrückungzeit bildete ich mir ein, singende Mönche gehört zu haben, war mir allerdings dann doch recht sicher, dass es sich dabei um den lauten Wind handelte. In meinem ganzen Leben war mir mit Abstand noch nie so kalt wie in dieser Stunde und ich begann langsam mir ernsthafte Sorgen zu machen. Keiner redete mehr, weil jeder Einzelne darauf fokussiert war nicht zu erfrieren. Den anderen beiden war nicht nur anhand der Gesichter, sondern auch anhand der zitternden Körperbewegungen anzumerken, dass sie sich in einem Zustand befanden, der immer kritischer wurde. Ich betete nur noch dafür, diesen Tag gesund zu überstehen und sobald wie möglich wieder Wärme spüren zu bekommen.

04:40 Uhr:

Es waren erste Anzeichen der Sonne zu erkennen, die uns die Hoffnung gaben, das Leid bald überstanden zu haben. Die Temperatur blieb zu diesem Zeitpunkt dennoch unverändert und ich hatte das Gefühl mich langsam, aber sicher dem Limit meiner körperlichen Belastungsgrenze zu nähern.

05:15 Uhr:

Die direkte Sonneneinstrahlung rettete uns. Alle drei begannen trotz Muskelbeschwerden in den Beinen so gut wie möglich rumzuspringen, um den Körper zusätzlich aufzuwärmen. Die ersten Anzeichen von Delirium zeigten sich bei Raffi, der der Sonne entgegen ging, als diese zum ersten Mal richtig zu spüren war, mit der Hoffnung mehr Wärme abzubekommen. Der Wind war so stark, dass sich die Wolken beinahe unglaubwürdig schnell bewegten. Unter normalen Umständen hätte dies vermutlich der schönste Sonnenaufgang sein können, den ich je gesehen hatte, jedoch war ich nicht in der Verfassung, den Moment genießen zu können. Viel mehr lag der Fokus auf die nach wie vor unterkühlte Körpertemperatur, die mir mit jeder weiteren vergangenen Minute umso mehr zu schaffen machte.

Als um 06:00 Uhr die Sonne nun endgültig aufgegangen war und wir wieder in der Lage waren uns zu bewegen, setzten wir die ersten Schritte zum Abstieg. Von Beginn an fiel mir auf, dass es beim Rückweg selbst tagsüber düster und nebelig war. Der Boden war, wie beim Aufstieg teilweise sehr rutschig, weswegen es keine Seltenheit war, wenn mal einer von uns auf den Hintern fiel. Das Bergabgehen war anstrengender als gedacht. Die Muskeln wurden zwar etwas entlastet, dafür bekam ich rasch Gelenksschmerzen. Positiv war, dass je niedriger wir kamen, desto wärmer wurde es, was dazu führte, dass wir im 20-Minuten Takt eine Kleidungsschicht ausziehen konnten und binnen 40 Minuten wieder angezogen waren wie beim Start der Wanderung.

<u>07:45 Uhr:</u>

Die nächste Herausforderung bahnte sich an. Neben Muskel- und Gelenksbeschwerden hatte ich nun auch mit der Müdigkeit zu kämpfen, die sich schlagartig bemerkbar machte. Fürs Protokoll: Ich hatte nicht nur in dieser Nacht keinen Schlaf, sondern wie zu Beginn der Geschichte erwähnt, hatte in der Nacht zuvor gerade einmal vier Stunden geschlafen. Zählt man die Stunde dazu, in der ich nachmittags geschlafen hatte, kam ich somit auf fünf Stunden Schlaf innerhalb von zwei Nächten. Dementsprechend kam meine übermüdete, dauerhaft aus Verzweiflung lachende Persönlichkeit, die nur noch Blödsinn im Kopf hatte, zum Vorschein. Unser Wasser wurde langsam knapp, weswegen niemand mehr so viel trinken konnte, wie es Körper gewollt hätte.

Zu Essen blieb uns gerade einmal eine trockene Packung Cornflakes, die den Durst nur noch mehr angeregt hätte. Mein Körper sendete ununterbrochen Signale von Müdigkeit und Erschöpfung an meinen Kopf. Dieser konnte aber mit nichts anderem kontern als sich selbst einzusagen: "Weitermachen. Kämpfen. Aufgeben ist keine Option. Halte durch."

09:10 Uhr:

30 Minuten zuvor hatte ich noch mein absolutes Limit angekündigt. Dennoch gab ich nicht auf und schlussendlich schafften wir es, im Dorf des Basecamps erfolgreich anzukommen. Eine wahnsinnige Last fiel uns allen von den Schultern und jedem war die Erleichterung ins Gesicht geschrieben. Nach unseren Freudenschreien dauerte es nicht lange, bis uns ein Einheimischer entgegenkam, der den Eindruck machte, eine Art Ranger zu sein. Dieser fragte nach, ob wir nachts auf den Vulkan gewandert waren. Nachdem wir seine Vermutung bestätigten, begann uns der Mann zu erzählen, dass der Vulkan für einen längeren Zeitraum gesperrt war und begründete es damit, dass es vor kurzem starke Waldbrände in dem Gebiet des Vulkans gegeben hatte und es nicht allzu lange her war, als ein Tornado im selben Gebiet herumgewütet hatte.

Wir rissen uns so gut wie möglich zusammen, machten aber unsere wahrhaftige Verwunderung bemerkbar. Zu unserem Glück glaubte er uns, dass wir im Internet nichts davon gefunden haben und Fehlinformationen vom Rezeptionisten bekommen hatten, weshalb er uns ohne weiteres ziehen ließ. Unter normalen Umständen hätten wir uns vermutlich Sorgen darüber gemacht, dass er eventuell die Polizei rufen hätte können, aber zu jenem Zeitpunkt war die Schwelle erreicht, ab der uns so ziemlich alles egal wurde und der Fokus nur noch darin lag schnellstmöglich zurück zur Unterkunft zu gelangen.

Als wir dachten, wir hätten das Abenteuer endlich hinter uns, mussten wir feststellen, dass die Taxi-App in diesem kleinen Dorf nicht verfügbar war. Demnach waren wir gezwungen weiter ins nächste Dorf zu Fuß zu gehen, um dort unser Glück zu versuchen, was eine weitere Stunde in Anspruch nahm. Zugegeben, unser Tempo war bereits sehr eingerostet, da keiner von uns mehr wirklich Kraft hatte und es bereits wieder satte 34 Grad Celsius hatte. Innerhalb von wenigen Stunden einen solch großen Temperaturunterschied zu erleben war meines Erachtens für unsere Körper vermutlich auch nicht einfach zu verkraften.

Zwischendurch hatte ich beschlossen meine Schuhe auszuziehen und in meinen weißen Sportsocken den mit Kiesel bestreuten Weg weiter entlangzugehen, da meine Blasen auf den Füßen sich bereits zu aufgeriebenen Wunden entwickelten und für eine unerträgliche, schmerzhafte Reibung in den Schuhen sorgten. Immer wieder fragten wir Leute am Straßenrand, ob sie uns für Geld zurück nach Yogyakarta bringen könnten. Ein jeder von ihnen erkannte allerdings, dass es sich bei uns um Europäer handelte, die auf Hilfe angewiesen waren und verlangte Geldsummen, die das Bargeld, das wir zusammenkratzen konnten, überschritten. Nach vier weiteren

Kilometern kamen wir an einer Straße an, von der uns ein Mann, den wir beim Gehen angeredet hatten, erzählte hatte. Mit viel Geseufze setzten/legten wir uns am Straßenrand und versuchten verzweifelt Autos anzuhalten.

Um etwa 11:00 Uhr blieb zu unserem Glück ein Mann, der gemeinsam mit seiner Frau im Truck unterwegs war, stehen und gab sich zufrieden mit dem Bargeld, das wir übrighatten. Als wir überglücklich und vollkommen erleichtert in die Rückbank des Wagens steigen wollten, nahm der Mann einen Haufen voller Plastik, der am Rücksitz herumlag und warf ihn einfach in den nächstgelegenen Busch, um uns Platz zu schaffen.

Wer in Kapitel eins gut aufgepasst hat, weiß wie die Geschichte weitergeht. Für die, die allerdings keine Ahnung haben, wovon ich rede, beschreibe ich die Szene erneut:

Entsetzt begann ich mit meiner letzten Kraft, die ich zur Verfügung hatte, dem Mann zu erklären, dass er nicht einfach die Umwelt verschmutzen konnte und legte das angesammelte Plastik wieder zurück in das Auto. Mit einem Lächeln im Gesicht nahm er es erneut und schmiss es hinter meinem Rücken auf die Straße. Meine zu dem Zeitpunkt mangelnde Konzentrationsfähigkeit konnte mich nicht davon abhalten, das Plastik wieder auf den ursprünglichen Platz zu legen und dem Mann einen Vortrag zu halten. Ich hatte ihn nicht angeschrien, sondern versuchte lediglich mit einfachen Worten ihn die Prinzipien der Umwelt zu erklären.

Daraufhin entschuldigte er sich bei mir, setzte dasselbe Lächeln wie zuvor auf und fuhr mit uns los. Die Autofahrt war mühsam, da der Mann zwischendurch stehenblieb und nach dem Weg fragte, obwohl wir ihm mehrmals versuchten zu erklären, dass Peter ihn mit seinem Handy navigieren hätte können. Wie erwartet hatte das Auto keine Klimaanlage, wodurch wir unser komplettes Gewand durchschwitzten. Die Hitze hielt mich allerdings nicht davon ab innerhalb der ersten fünf Minuten wie ein Stein einzuschlafen.

Als ich bei der Ankunft wieder aufwachte, begann mir Raffi von der nervenaufreibenden Fahrt zu erzählen, bei der der Fahrer sehr regelmäßig die Hupe betätigte und die beiden damit jedes Mal aufs Neue erschreckte. Da wir hungrig wie die Löwen, aber erledigter als jeder Läufer nach einem Marathon waren, bestellten wir uns noch schnell etwas zu essen. Endlich wieder wohlgenährt, schleppte ich mich anschließend die Treppen hinauf, die zu meinem Zimmer führten, fiel in mein Bett und schlief in der Sekunde ein.

Nach einem sehr tiefen Schlaf, der sich über den Rest des Tages streckte, wachte ich abends mit einem heftigen Muskelkater, der seinen Schwerpunkt in den Beinen hatte, auf und begann über dieses Abenteuer nachzudenken. Es handelte sich vermutlich dabei um die anstrengendste Erfahrung meines bisherigen Lebens, aus der ich definitiv einiges mitnehmen konnte. Abgesehen davon, dass ich einmal wieder daran erinnert wurde, dass ich meine Recherchen vor einem Abenteuer zum Teil ein Stück mehr vertiefen sollte, habe ich vor allem eine Lehre bekommen, die ich mir seitdem immer wieder zu Herzen nehme. Ich habe gelernt, dass es zwar alles andere als einfach ist, aber jeder Mensch in der Lage sein kann über die persönlichen Grenzen hinauszuwachsen.

Wir setzen uns in vielen Situation im Leben bestimmte Limits, die uns dabei helfen sollen, uns im sicheren Bereich unserer Möglichkeiten zu orientieren und uns keinen potenziellen Gefahren auszusetzen. Bei dieser Erfahrung konnte ich aber feststellen, dass die Limits, die wir uns selbst setzen oder glauben zu haben, in Wahrheit Wände sind, die wir in der Lage sind zu durchbrechen, wenn es die Situation verlangt. Ich kann aus dem Erlebnis mitnehmen, dass wir Menschen zu viel mehr fähig sind, als wir eigentlich glauben und ein jeder in der Lage ist, Erfolge zu erzielen, die man zuvor noch als unmöglich einschätzte. Unsere Limits basieren also nur auf unsere persönlichen Einschätzungen und nicht auf unsere tatsächlichen Grenzen.

Eine kurze Geschichte, die von einem jungen Mann handelt, der gelernt hat, dass es nicht immer schlau ist zu protzen. Erstmals bin ich diesmal allerdings nur ein Nebendarsteller dieses Geschehnisses. Am Abend von Tag 76 war nämlich Raffi ganz allein im Rampenlicht, als wir uns in einem malaysischen Foodmarket umsahen, der sich wenige Gehminuten von unserer Unterkunft entfernt befand.

Es handelte sich um eines der häufigsten anfallenden Gesprächsthemen zwischen meinem besten Freund und mir und hielt am Ende der Diskussionen wie immer dieselbe Frage offen: Wer verträgt mehr Schärfe beim Essen? Ein freundschaftlicher Wettkampf, der sich monatelang durch verschiedene südostasiatische Länder zog und den Anschein hatte, als würde er niemals enden. Ob hausgemachte, scharfe Currys in Thailand, Spicy-Chickenwings-Challenges in Vietnam oder die schärfste Pizza des Staats Penangs, die wir sogar zur Sicherheit mit Plastikhandschuhen essen mussten. Kein Gericht konnte bisher einen Gewinner feststellen, doch dies sollte sich am 15. November 2019 ändern.

Wie bereits erwähnt, machten wir uns am Weg zum örtlichen Wochenendmarkt, um Abend zu essen. Nachdem wir uns durch die verschiedensten Spezialitäten herumgekostet hatten, spazierten wir gemütlich durch den länglich erstreckten Markt, bei dem es sogar eine Bühne gab, auf der gesungen wurde. Wenige Meter davon entfernt entdeckten wir einen Eisstand, der einen auffallenden Bildschirm über sich hängen hatte, der Werbung für die angeblich schärfste Eissorte der Welt machte. Dabei handelte sich um nichts Geringeres als Eis, das die Carolina Reaper (die schärfste Chilischote der Welt) beinhaltete.

Aus Spaß forderten wir uns mehrmals gegenseitig heraus das Eis zu probieren, woraufhin der andere jedes Mal dankend ablehnte. Raffi, der äußerst gewillt war den langanhaltenden Schärfe-Wettkampf zu gewinnen, machte den Vorschlag sich eine Portion mit mir zu teilen. Für eine solche Challenge war ich allerdings nicht naiv genug und machte ihm das Angebot, dass er offiziell der schärfere Esser von uns beiden wäre, wenn er zwei Kugeln allein essen würde.

Nachdem es ihm so wichtig war, mir, sich selbst und der ganzen Welt sein Können unter Beweis zu stellen, nahm er den Vorschlag an und bestellte das besagte Eis. Bereits bei den ersten Bissen zeigte er Respekt vor der Schärfe und entschied sich das Eis so schnell wie möglich mit großen Löffeln vernaschen. Ich habe selbst zwei kleine Löffel probiert, konnte die Echtheit der Schärfe bestätigen und war bereits zu diesem Zeitpunkt froh, dass ich mich auf keine Dummheiten eingelassen hatte.

Immer wieder redete sich Raffi ein, dass es sich nur um einfaches Erdbeereis handelte und verdrängte die Schärfe damit so gut wie möglich. Als das Eis fertig gegessen war und er ganz stolz den leeren Becher in einen Mistkübel warf, fing er plötzlich an zu husten. Durch die Kälte des Eises hatte er zu Beginn nur einen Bruchteil der Schärfe gespürt. Als das Eis allerdings begann im Hals zu schmelzen, offenbarte sich das wahre Übel.

Raffi begann zu schwitzen, zu husten und übelst zu tränen. Er beschrieb die Situation damit, dass es sich anfühlte, als hätte jemand Benzin in seinen Hals geleert und anschließend alles angezündet. "Zu Beginn wirkte alles noch recht harmlos und plötzlich kam die absolute Todesschärfe wie aus dem Nichts", sagte er. Innerhalb weniger Minuten kamen Schwindelgefühle in ihm auf, woraufhin ich begann mir ernsthafte Sorgen um ihn zu machen. Sein Leid war ihm ins Gesicht geschrieben und für nichts auf dieser Welt hätte ich in diesen Minuten gerne mit ihm getauscht.

Im Endeffekt ist ihm zum Glück nichts Verheerendes passiert und ich hatte (bevor ich begann mir Sorgen zu machen) kurzzeitig den Spaß meines Lebens. Am Ende dieser Geschichte gibt es nun also zwei Perspektiven, aus denen man ein Fazit ziehen könnte:

Einerseits könnte man daraus schließen, dass man sich nicht auf jede Dummheit einlassen sollte, die einem in den Sinn kommt und es klug wäre, die Folgen aus mutigen Entscheidungen wie diese im Vorhinein in Betracht zu ziehen.

Nachdem in diesem Fall jedoch zum Glück niemand ernsthaft zu Schaden gekommen ist, kann allerdings auch das folgende Fazit gezogen werden: Raffi war stolz sich endlich den Titel des schärferen Essers geangelt zu haben, ich war stolz darauf, auf mein Bauchgefühl gehört zu haben und eine erzählenswerte Geschichte, die keiner von uns so bald wieder vergessen würde, war entstanden. Oft sind es schließlich bekanntlich die dummen Entscheidungen, die zu den witzigsten Erfahrungen führen.

Die Entscheidung darüber, welches Fazit das passendere in diesem Fall ist, bleibt wohl jedem selbst überlassen.

> *"Dankbarkeit bringt das Gewicht einer Beschwerde wieder in die Balance."*

Weihnachten stand vor der Tür. Wer schon einmal in den Weihnachtsferien auf einer Fernreise gewesen ist, weiß, wie merkwürdig es sich anfühlt das Fest der Geburt von Jesus Christus bei über 30 Grad zu feiern. Es passte für mich nicht zusammen und es fiel mir schwer, in die passende, weihnachtliche Stimmung zu kommen.

So und nicht anders hatten sich Raffi, unser deutsche Freund Fabian und ich uns gefühlt, als wir den 24. Dezember mit einem Tagesausflug auf der sogenannten "Magnetic island" verbrachten. Vormittags wurden wir mit der Fähre auf die Insel und anschließend mit einem Shuttle Bus zu einer Koala Sanctuary Tour gebracht. Hier durften wir verschiedene interessante Tiere kennenlernen und die eine oder andere faszinierende Information aufsammeln.

An jenem Tag lernte ich Fakten, wie zum Beispiel, dass Wombats einen 14-tägigen Verdauungsprozess haben und bis zu 40 km/h schnell laufen können. Wir lernten über die wichtigsten Unterschiede zwischen Echsen und Schlangen, über Angriffstaktiken vom Süßwasserkrokodil und wie man sich verhalten soll, nachdem man von einer Schlange gebissen wurde.

Nachdem wir von der Tour entlassen worden waren, bahnte sich eine riesige Papageien-Invasion an. Dutzende von ihnen flogen wild kreuz und quer durch die Gegend und machten es sich auf den Körpern der Touristen gemütlich. Die Leute hatten entweder Spaß an dem ganzen oder es war ihnen die Panik ins Gesicht geschrieben. Bei mir war es jedenfalls Ersteres.

Nach einem Mittagssnack begannen Raffi, Fabian und ich mit einer Wanderung quer durch die Insel. Je höher wir kamen, desto besser. Unser Ziel, einen wildlebenden Koala zu entdecken, hatten wir zwischendurch auch erreicht, als wir einen von ihnen sahen, als er es sich gerade auf einem Baum gemütlich gemacht und geschlafen hatte.

Danach hatten wir noch einen Aussichtspunkt als Ziel gesetzt, den wir erreichen wollten. Als wir dort ankamen, entdeckte ich einen riesigen Felsen, bei dem ich davon überzeugt war, dass die Aussicht von ihm aus noch phänomenaler aussehen würde. Der Weg dorthin erwies sich als Challenge, weswegen ich wohl der Einzige war, der ihn auf sich nahm. Dadurch, dass ich auch einen Teil des Weges klettern musste, entschied ich meine Flip-Flops auszuziehen und barfuß zu klettern. Aus der Nähe sah der riesige Felsen plötzlich größer aus als zuerst geahnt. Er war rund, steil und hatte keine richtigen Punkte, an denen man sich festhalten oder einklemmen konnte.

Mehr oder weniger war ich also dazu gezwungen, dass ich mich in einem Zug mit Schwung nach ganz oben ziehen und das vorstellbare Risiko abzurutschen eingehen musste. Tatsächlich gelang es mir mich ganz nach oben zu ziehen, allerdings hatte ich den Winkel falsch abgeschätzt und knallte deswegen mit voller Wucht mit meinem rechten Knie gegen den steinharten Felsen. Als kurzzeitig einiges an Blut aus meiner Kniescheibe begann rauszuströmen, befand ich mich unter Schock und spürte noch nicht viel Schmerz. Diese Sekunden nutzte ich, um die Aussicht zu genießen und konnte meine Annahme, dass sie noch besser sei als zuvor bestätigen.

Als es darum ging wieder zurück zu klettern, begann sich der Schockzustand zu lösen und im Gegenzug kam der Schmerz. Als ich zu den anderen zurückhumpelte, wurde einem Luxemburger, mit denen sich Raffi und Fabian gerade unterhalten hatten, fast schwarz vor Augen. Sofort packte er seinen Erste-Hilfe-Kasten aus und versuchte mich zu verarzten. Dass es sich bei ihm um keinen Arzt handelte, ließ sich sofort feststellen, als er nach der Desinfektion versuchte ein einfaches Pflaster über die nach wie vor blutende Wunde zu kleben, welches logischerweise binnen weniger Sekunden wieder abfiel.

Nachdem in dem Kasten sonst nichts Hilfreiches war, entschied ich die Wunde einfach trocknen zu lassen und machte mich mit unserer Gruppe wieder auf den Heimweg. Das Blut rann bis zu meinen Zehen herab, als ich bei einem Schritt den linken Fuß nicht richtig anhob und den vorderen Teil des Flip-Flops am sandigen Waldboden radierte. Zu meinem Pech hatte dies zur Folge, dass der essenzielle Teil in der Mitte des Flip-Flops abbrach und somit nutzlos war. Darüber hätte ich mich natürlich ärgern können, entschied mich aber stattdessen einfach, den kaputten Schuh in die Hand zu nehmen, barfuß weiterzugehen und zu schweigen.

Mein rechtes, blutiges Schienbein und meine linke, schmutzige Fußsohle ergaben eine zugegeben witzig aussehende Kombination, weswegen ich es den Leuten nicht übelnahm, als sie mich beim Einsteigen in den Bus und auf das Schiff schief anblickten. Einer der Mitarbeiter der Fähre kam während der Fahrt auf mich zu, als ich gerade sitzend die Sonne betrachtete, wie sie langsam hinter dem Meereshorizont verschwand. Er fragte, ob alles okay wäre, was mir passiert sei und zeigte dabei mit dem Zeigefinger auf meine Beine. Klar, ich hätte ihm von meinem Leid erzählen und mich selbstbemitleidend über mein Pech beschweren können. Dann erinnerte ich mich daran, dass Weihnachten sei und begann über einiges nachzudenken.

Ich war im Besitz von vielen Dingen, die für uns im Normalfall selbstverständlich waren. Ich war dabei meinen Traum zu leben, der mit absoluter Freiheit verbunden war. Ich war gesund und hatte Geld, um mir Essen und ein Dach, unter dem ich schlafen konnte, zu besorgen. Ich war in Besitz von unzähligen Dingen, von denen so mancher Mensch auf dieser Welt nur träumen könnte. Dieser Gedanke sorgte dafür, dass ich mich nicht beschweren wollte. Nicht diesmal. Mir ging es gut und es passierte mal nicht alles wie ich es vielleicht gewünscht hätte, was soll's. "I guess things could have been worse", antwortete ich ihm lediglich und richtete anschließend meinen Blick wieder auf den Horizont, den die Sonne bereits rot aussehen ließ.

Kapitel 5 – Eight New Perspectives

Eines der wichtigsten Dinge, die ich während der Reise gelernt habe, ist, dass wir alle einzigartig und individuell, aber dennoch so ähnlich sind. Meiner Meinung nach hat jeder Mensch denselben Wert und deswegen sollten wir uns alle gegenseitig gleichbehandeln: mit Respekt. Menschlichkeit und Respekt sind Themen, die in unserer heutigen Zeit leider noch immer fallweise untergehen. Wenn ein Mensch nicht mehr menschlich ist, was ist er dann überhaupt?

Für die Möglichkeit, Menschen aus anderen Schichten mit anderen Lebensumständen kennenzulernen, bin ich sehr dankbar. Wenn es beide Seiten zugelassen hatten, konnte ich aus jeder Begegnung etwas mitnehmen. Die Kultur der weltoffenen Backpacker versucht genau dafür zu sorgen: Wenn man mit Begeisterung und ohne Vorurteile auf die anderen zugeht, ist es leichter eine Freundschaft zu schließen, als ein Brot mit Butter zu beschmieren. Bei 99% der Rucksackreisenden fiel mir vor allem auf, dass jeder bereit war, dem anderen zu helfen.

Alle hatten dasselbe Ziel vor Augen: Bei grenzenloser Freiheit andere Kulturen kennenlernen und die beste Zeit des Lebens genießen. Jede Begegnung, die ich mit anderen Reisenden machte, war spürbar anders als im Alltag zuhause. Bei jedem Ausflug, während jeder Busfahrt und in jedem Hostel war diese besondere Energie von

Weltoffenheit, Verbundenheit, Leidenschaft und Respekt zu spüren. Sie gab mir die Möglichkeit zu lernen auf andere ohne Besorgnis zuzugehen, meine Ideen mit ihnen zu teilen und half mir dabei, ein proaktiver, offener Mensch zu werden, der den Mut hat die Initiative zu ergreifen.

Sobald ich diese Backpacker Energie verinnerlicht hatte, gelang es mir auch mit Einheimischen unvergessliche Bekanntschaften zu machen. An den verschiedensten Orten lernte ich Menschen mit unfassbaren Lebensgeschichten kennen, die das Leben aus ganz verschiedenen Blickwinkeln betrachteten. Speziell durch diese Begegnungen lernte ich die Kulturen erst richtig kennen, woraufhin Vieles plötzlich viel mehr Sinn ergab.

Dieses Kapitel widme ich den Menschen, die nicht nur Teil dieses lebensverändernden Abenteuers waren, sondern dank der gemeinsamen Begegnung meine Wenigkeit menschlich unfassbar prägten.

#1 Penang (Malaysien), Tag 60

Gegen 01:00 Uhr nachts kamen Raffi und ich gerade am Flughafen an. Zu diesem Zeitpunkt hatten wir uns schon daran gewöhnt, keine Unterkünfte mehr online zu buchen, sondern stattdessen vor Ort nach freien Betten zu fragen, was zuvor immer gut funktioniert hatte.

Um umgerechnet 4,50 Euro fuhren wir mit einem Grab (ein asiatisches Transportunternehmen, ähnlich wie Uber) in Penangs Hauptstadt George Town und baten den Fahrer uns zu einem bestimmten Gästehaus zu fahren, von dem wir am Flughafen nachgelesen hatten, dass es über eine 24-Stunden-Rezeption verfügte. Unser Ziel befand sich in einer sehr mystischen, dunklen Gasse.

Der Fahrer blieb vor einem Haus stehen, das eine hohe Eingangstüre aus Holz hatte. Nirgendwo war ein Schild mit dem Namen des Gästehauses zu sehen, was uns leicht verunsicherte. Da der Fahrer aber bereits weggefahren war, blieb uns nichts anderes übrig als anzuklopfen. Eine halbe Minute verging und es machte niemand auf. Als ich meine Hand auf den Türgriff legte, bemerkte ich allerdings, dass die Türe nicht abgeschlossen war und öffnete sie. Kein Licht brannte im Eingangsbereich und es herrschte Todesstille. Zu Beginn sahen wir uns nach einem Mitarbeiter um, aber konnten niemanden finden, bis ein massiger, erkennbar betrunkener Inder aus einem der Zimmer in die Lobby torkelte. Er machte den Eindruck, als würde er dort arbeiten.

Spoileralarm: Das tat er nicht! Ich erklärte ihm die Situation, woraufhin er in der Lobby nach übrigen Zimmerschlüsseln sah. Da er jedoch keine fand, bot er uns an, auf zwei der drei Sofas in der Lobby schlafen zu können und brachte uns anschließend zwei dünne Decken. Er entschuldigte sich für die Unannehmlichkeiten und begründete seine Betrunkenheit damit, dass es sein Geburtstag sei und er gerade erst vom Feiern zurückgekehrt war. Weiterer Spoileralarm: Lüge.

Es war bereits 02:00 Uhr nachts und sowohl Raffi als auch ich waren todmüde, zugleich aber auch zu höflich, um den gastfreundlichen Inder beim Reden zu unterbrechen. Als der Mann gerade erklärte, dass er sich gut in unsere Lage versetzen könne und begann von der Zeit zu erzählen, als er vor fünf Jahren nach Malaysien gekommen war, unterbrach ihn eine alte, malaysische Frau, die den Eindruck machte, als wäre sie von der Stimme des Inders aufgeweckt worden. Ohne dabei eine Pause einzulegen, stellte sie uns ununterbrochen Fragen zu unserer Reise und machte einen sehr interessierten Eindruck. Keiner der beiden reagierte auf mein mehrmaliges Gähnen, mit dem ich versuchte, sie zum Schlafen gehen zu bringen.

Kurzzeitig herrschte Stille im Raum, die ich dazu nutzte einen Blick auf die Uhr zu werfen und allen zu zeigen, wie spät es bereits war. Infolgedessen ging Raffi auf meinen Versuch ein und begann davon zu reden, wie stark ihn der Flug erschöpft hatte. Doch der Inder schien unsere Absichten zu ignorieren und fuhr seine Lebensgeschichte fort. Zu Beginn der Geschichte war ich nur genervt sowie gelangweilt und hörte gerade mal mit einem Ohr zu, bis er schließlich begann von seinen Eltern zu erzählen:

Seine indischen Eltern hatten ihn nach der Geburt zur Adoption freigegeben, woraufhin ihn ein chinesisches Paar, das in Kanada lebte, bei sich aufnahm. Von seinen leiblichen Eltern wusste er kaum etwas und beschloss dies vor fünf Jahren zu ändern. Er flog nach Malaysien, um sich auf die Suche nach ihnen zu machen, da er wusste, dass sie mittlerweile dort lebten. An seinem ersten Tag traf er auf einen unbekannten Mann, der von sich behauptete über eine Menge von Kontakten zu verfügen und dem Inder dadurch helfen könne seine Eltern aufzuspüren.

Nach ein paar überzeugenden Argumenten gab der Inder dem Mann schließlich sein erspartes Geld (etwa 2000 kanadische Dollar), woraufhin der Unbekannte ihm versicherte, dass er seine Eltern innerhalb von wenigen Tagen aufspüren werde und die Unterkunft verließ. Seither hatte der Inder nie wieder etwas von dem Unbekannten gehört oder gesehen. Zu diesem Zeitpunkt entstand mein erster "Oh, fuck!"-Gedanke.

Anschließend begann er von seiner Adoptions-Großmutter zu erzählen, die ihn angeblich schon immer gehasst hatte, weil er für sie kein richtiges Enkelkind war. In seinen jungen Jahren hatte sie ihn einmal versucht von einer Klippe zu stoßen und mehrmals beim Essen zu vergiften, allerdings nie erfolgreich. Mit dem Geld, das sie sich von seinen Adoptiveltern geliehen hatte, gelang es ihr mithilfe der scheinbar bestechlichen örtlichen kanadischen Polizei ihm einen Mord an einen Nachbarn anzuhängen, den laut seinen Aussagen sie begangen hatte. Nachdem unter dem damaligen kanadischen Präsidenten noch keine Fingerabdrücke als Beweismittel notwendig waren, musste der Inder tatsächlich ins Gefängnis, wobei er nicht dazu erwähnte, wie lange diese Strafe angehalten hatte. Zu diesem Zeitpunkt entstand mein zweiter "Oh, fuck!"-Moment des Abends.

Viele Jahre vergingen und über verschiedene Kontakte sowie unter einem neugewählten Präsidenten, der ein spezielles Gesetz eingeführt hatte, gelang es dem Inder die Wahrheit ans Licht und seine fiese Großmutter hinter Gitter zu bringen.

Wie vermutlich die meisten anderen Menschen in meiner Situation zweifelte ich etwas daran, dass alles so geschehen war, wie er es erzählt hatte und wusste nicht was ich glauben sollte und was nicht. Eines war mir aber vollkommen klar: Dieser Mann hatte kein einfaches Leben. Das merkte man schon an seiner Art und bestätigte sich durch seine Geschichten. Ich fühlte Mitleid und doch fühlte ich mich zur gleichen Zeit in seiner Nähe unsicher. Dieses misstrauische Gefühl, dass irgendwas mit dem Mann nicht stimmte, ging mir selbst dann nicht mehr aus dem Kopf, als er und die alte Dame schlussendlich zu Bett gingen und uns schlafen ließen.

Gemeinsam mit dem Kühlschrank, der deutlich zu hören war, wenn niemand redete, und dem flackernden Licht, das sich im hinteren Bereich der Lobby befand, hielten mich diese Gedanken eine gefühlte Ewigkeit wach und gaben mir die Möglichkeit mir ein Bild von dem ganzen zu machen.

Gegen 04:00 Uhr nachts weckten mich ein paar langsame Schritte am knarrenden Boden auf, die meinen Atem zum Stocken brachten. Mit einer sehr bedachten, langsamen Bewegung beugte ich mich leicht mit dem Oberkörper nach oben, um zu sehen, ob es die Schritte des Inders waren, die aus dem Gang in unsere Richtung kamen. Aus etwa zehn Metern Entfernung konnte ich erkennen, dass es ein alter Mann mit langem weißem Bart war, der die Lobby betrat und es sich oberkörperfrei auf der dritten Couch gemütlich machte.

Zu meiner eigenen Sicherheit beobachtete ich ihn unauffällig, da ich die Situation kein bisschen einschätzen konnte und fühlte dabei absolute Verwirrung. Während meiner Beobachtungszeit fiel mir auf, dass ich unzählige juckende Moskitostiche auf meinen Beinen hatte. Vermutlich wurden die Insekten wegen des flackernden Lichts durch den Spalt unter der Eingangstüre angelockt.

Es dauerte keine fünf Minuten, bis der alte Mann einschlief, was sich durch sein lautes, ekeliges Schnarchen bemerkbar machte. Das sorgte zwar dafür, dass ich mich wieder sicherer fühlte, zwang mich aber dazu Ohrenstöpsel zu verwenden.

Am nächsten Morgen wachte ich ziemlich verschlafen und verschwitzt gegen 08:00 Uhr auf und begann Musik zu hören, die die Rezeptionistin abspielte. Zwei Meter neben mir unterhielt sich eine Gruppe von alten Damen, die zusammen am Tisch saß und frühstückte. Ich weckte Raffi auf, der die ganze Nacht über tief und fest geschlafen hatte, aber ebenfalls mit dutzenden Moskitostichen aufwachte. An der Rezeption buchte ich zwei Betten für die kommende Nacht und bekam als Entschuldigung für den Fehler, dass online von einer 24/7 Rezeption zu lesen war, die Möglichkeit gratis zu frühstücken, was sich zuerst in Ordnung anhörte.

Allerdings fand ich schnell heraus, dass es sich dabei nur um weißes Toastbrot mit Margarine und Marmelade handelte. Während ich auf meine Brotscheiben wartete, bis sie fertig getoastet waren, kam der übergewichtige Inder auf mich zu und fragte, ob mit der Rezeptionistin alles geregelt sei. Erst empfand ich die Frage als mitfühlend, aber nachdem er uns im Laufe von zwei Stunden bereits sieben Mal gefragt hatte, ob alles okay sei, bekam ich erneut das Gefühl, dass mit dem Mann irgendwas nicht stimmte. Ich entschied möglichst Abstand von ihm zu halten und möglichen Gesprächen aus dem Weg zu gehen. Ich hatte zwar den Eindruck, dass er ein gutes Herz hatte, aber psychisch gestört und somit unberechenbar für mich war. Nach wie vor wussten wir nicht, was seine Tätigkeit im Haus war oder ob er einfach hier für einen längeren Zeitraum wohnte.

Nach dem Mittagessen brachten Raffi und ich unsere Rucksäcke auf unser Zimmer, für das wir gerade die Schlüssel erhalten hatten und stellten, als ich die Tür öffnete, fest, dass wir uns wie es der Zufall wollte, ein Vier-Bett-Zimmer mit dem Inder teilten, in dem es furchtbar nach Schweiß roch. Er schien Freude daran zu haben, dass wir seine neuen Zimmergenossen für die Nacht waren und da er den

Eindruck machte, als hätte er keine Freunde, brachten wir es nicht übers Herz das Zimmer zu wechseln.

Vor dem Abendessen brachten Raffi und ich noch unsere Tagesrucksäcke zurück auf das Zimmer. Als ich die geschlossene Tür öffnete, saß der Inder aufrecht auf seinem Bett mit je einem Kind auf seinem linken und rechten Schoß. Es stellte sich heraus, dass es sich dabei um die Kinder der Rezeptionistin handelte und er diese gut kannte. Da die Kinder beide ein Lächeln im Gesicht hatten und den Eindruck erweckten, dass sie sich in seiner Nähe wohlfühlten, sagte ich nichts zu der Situation.

Am Weg zum Foodmarket waren sich allerdings Raffi und ich einig, dass es ein merkwürdiges Bild ist, wenn ein erwachsener, etwas eigenartiger Mann mit zwei kleinen Kindern auf den Schoß im unteren Teil eines Stockbettes spielt und dabei die Tür zuließ. Da wir aber nichts Genaueres über die Situation wussten und nur Spekulationen anhand des einen Tages, den wir den Mann gerade einmal kannten, aufstellten, entschieden wir uns dem nicht weiter nachzugehen und auf das Gute zu vertrauen.

Nachdem es sich um den 31. Oktober und somit um Halloween handelte, setzte ich mich mit Raffi in eine nahegelegene Bar, um ein Barhopping zu starten. Zu diesem Zeitpunkt waren allerdings bereits ein paar alkoholfreie Wochen zuvor vergangen und weder Raffi noch ich fanden Motivation zu einem anständigen Barhopping.

Unerwarteterweise entschieden wir uns also dazu, es bei einem Bier zu belassen und Halloween dieses Jahr nicht zu feiern.

Mit wenig Mühe möglichst leise zu sein, kam der Inder um etwa 01:00 Uhr nachts in seinem Sensenmann Kostüm verkleidet, zurück aufs Zimmer und weckte sowohl Raffi als auch mich auf, als der das Licht anmachte. Er dachte, wir wären sowieso noch wach und zeigte uns seine blaue, angeschwollene Nase. Es war ihm anzumerken, dass er wieder betrunken war und binnen einer Minute, die er im Raum verbrachte, fing das Zimmer wieder enorm an nach Schweiß zu stinken.

Er kam gerade von einer Promotion-Aktion für einen Nachtclub, bei der er mithalf und erzählte, dass ein betrunkener Mann ihm grundlos einen Schlag ins Gesicht verpasste. Mit der Absicht uns zu beruhigen, erklärte er daraufhin stolz, dass wir uns keine Sorge um ihn machen müssen, da er den Unbekannten gleich danach zusammengeschlagen hatte. Ich wusste, um ehrlich zu sein nicht, wie ich darauf reagieren hätte sollen und beließ es bei einem erstaunten Gesichtsausdruck und einem langgezogenen, verblüfften "Wooow."

Minuten später, als ich gerade dabei war wieder in den Schlaf zu fallen, sagte der Inder wie aus dem Nichts: "I'm gonna die." Erneut wusste ich nicht, was ich sagen sollte, also setzte ich schlicht und einfach eine verwirrte Miene auf und fragte ihn, wieso er so etwas von sich gab. Mit einem Grinsen im Gesicht antwortete er darauf mit

"I'm gonna dye my hair blond" und fing an zu lachen. In diesem Moment war ich mir zu hundert Prozent sicher, dass der Kerl nicht alle Tassen im Schrank hatte.

Ich empfand wie in der vorigen Nacht erneut dieses misstrauische Gefühl und große Unsicherheit. Auch diesmal hielt ich es für das Richtige als Letzter einzuschlafen. Obwohl ich dann mit der Tatsache klarkommen musste, dass auch er schnarchte und zusätzlich sogar im Schlaf redete, was mich jedes Mal aufs Neue erschreckte, war es mir lieber, als vor ihm einzuschlafen.

Am nächsten Morgen standen wir bereits um halb acht auf und checkten nach dem Frühstück sofort aus. Wie es der Zufall wollte, erwischte uns der Inder genau dann, als wir gerade unser Gepäck über die Türschwelle trugen und fragte uns, wo es als Nächstes hinginge. Obwohl wir eigentlich nur die Unterkunft wechselten, erzählten wir, dass wir uns am Weg Richtung Süden zu einer weit entfernten, wenig bekannten Stadt machten. Er wünschte uns alles Gute, gab uns die Hand und verschwand wieder in sein Zimmer.

Mir war klar, dass es sich bei diesem merkwürdigen Mann um einen Menschen handelte, der im Laufe seines Lebens vermutlich schon unter starker psychischer Belastung gelitten hatte. Er war ein gutes Beispiel dafür, was mit einem Menschen geschehen kann, wenn man von klein auf mit viel Hass konfrontiert wird. Soweit ich ihn einschätzen konnte, befand sich sein Herz am rechten Fleck und er schien nie böse Absichten gehabt zu haben. Die Liebe und Zuneigung, die er gebraucht hätte, hatte er nie richtig bekommen und dies zerstörte ihn offenbar psychisch. Nachdem ich diesen Mann kennenlernen durfte, entwickelte ich eine noch stärkere Dankbarkeit als zuvor für all die Liebe, die ich im Laufe meines bisherigen Lebens von den Menschen, die mir wichtig sind, bekommen habe.

#2 Bandung (Indonesien), Tag 82

Es war der erste ganze Tag seit fast zwölf Wochen, den ich ohne Raffi verbrachte und zugleich Tag eins unserer "Probezeit", in der jeder von uns für ein paar Tage allein durch einen Teil der Insel Java reiste. Mein Tag begann um 07:30 Uhr als ich im Hostel in Jakarta (der Hauptstadt Indonesiens) frühstückte und anschließend mit einem Grab-Taxi zum Bahnhof gebracht wurde. Überraschend modern wurde der QR-Code meines E-Tickets gescannt, um mir vor Ort mein gültiges Zugticket zu drucken.

Als ich um 09:15 Uhr in meinen Zug einstieg, fielen mir binnen der ersten Minuten ein paar interessante Details auf. Im Inneren des Zuges waren einige fliegende Moskitos zu erkennen, die merkwürdigerweise niemanden ersichtlich stachen. Außerdem wurde mir schnell bewusst, dass ich der einzige Tourist in meinem Abteil war und alle anderen trotz der hohen Temperaturen lange Hosen trugen. Tatsächlich war ich bei 34 Grad Celsius der einzige Mensch in meinem Abteil, der eine kurze Hose trug.

Um ehrlich zu sein, war ich vor allem in der ersten Stunde der Fahrt ein wenig angespannt, weil ich erstmals tatsächlich allein während dieser Reise unterwegs war und niemanden mehr an meiner Seite hatte. Zu meinem Glück jedoch hatte ich sehr freundliche Sitznachbarn, die mir nicht nur halfen meinen schweren Rucksack zu verstauen, sondern mir sogar Essen anboten und mich regelmäßig danach fragten, ob ich die Steckdose verwenden wollen würde.

Nach dreieinhalb stündigem Passieren an einer Menge Natur und vielen kleinen Dörfern, stieg ich bei einem Ort namens Cimahi aus, kaufte mir etwas zu essen sowie einen Kaffee und überlegte, wo es hingehen sollte. Ich hatte mir bis zu diesem Zeitpunkt alle Möglichkeiten offengelassen, hatte soweit weder ein weiteres Zugticket noch eine Übernachtungsmöglichkeit. Gerade am ersten Tag allein war es mir verdammt wichtig so spontan wie nur möglich zu sein.

Nachdem ich meine Optionen abgewogen hatte, entschied ich mich im Endeffekt dafür in der Stadt Bandung zu nächtigen und sah mir die Zugverbindungen an. Aus reiner Neugierde sah ich mir an, wie weit der Ort von meinem Standort entfernt lag und zusätzlich, wie viel mich theoretisch ein Grab-Taxi kosten würde. So verrückt es klingen mag, aber ich zahlte tatsächlich weniger als vier Euro für eine 45-

minütige Taxifahrt zu einer Unterkunft, die ich mir im Kaffeehaus spontan gebucht hatte!

Gegen 13:30 Uhr stieg ich in das Auto des Fahrers ein, dem ich diese Geschichte widme. Der Grab-Fahrer holte mich vom Ausgang des Bahnhofs mit einem strahlenden Gesicht ab. Er schien wahnsinnig glücklich und aufgeregt zu sein, als er mich sah. Der Mann konnte kein Wort Englisch, weswegen er zu Beginn der Fahrt sein Smartphone aus seiner Hosentasche packte. Er fing an auf Indonesisch zur Google-Übersetzer-Spracherkennung zu sprechen, die mir seine Sätze auf Englisch übersetzte.

Jedes Mal, nachdem er fertig geredet hatte, hielt er mir sein Handy Richtung Rücksitz, sodass ich auf Englisch antworten konnte, woraufhin ihm meine Worte zurück auf Indonesisch übersetzt wurden. Anfangs fühlte sich diese Unterhaltung etwas komisch an, aber sobald ich mich daran gewöhnt hatte, fing es an richtig Spaß zu machen.

Wir unterhielten uns tatsächlich während der gesamten Autofahrt. Der Mann erzählte mir immer wieder, wo wir uns gerade befanden, was man an den verschiedenen Orten alles unternehmen könnte und nannte mir sogar die Namen verschiedener Sehenswürdigkeiten und Gebäude, wie etwa Einkaufszentren, Brücken oder Straßen.

Diese Unterhaltung zeigte mir, wieviel einfacher die Digitalisierung das Reisen über die letzten zwei Jahrzehnte gemacht hatte. Vor 20

Jahren wäre es einfach noch undenkbar gewesen, sich mit einem Einheimischen zu unterhalten, der kein Wort einer anderen Sprache wusste. Kulturen lassen sich heutzutage viel besser austauschen und verstehen. Die Digitalisierung mag einige Schattenseiten mit sich bringen und gerade beim klassischen Backpacken sehe ich in ihr eher eine Bedrohung als einen Benefit, da sie einem Reiseabenteuer manchmal die reizende Challenge nimmt. Allerdings ist sie für uns bei der Kommunikation mit Menschen aus aller Welt ein riesiger Helfer und hat uns einige interkulturelle Herausforderungen erleichtert.

#3 Cairns (Australien), Tag 109

Raffi und ich hatten fast durchgehend 108 Tage lang gemeinsam Südostasien unsicher gemacht. Nach dem Flug von Denpasar nach Cairns war sofort klar, dass ein komplett neues Kapitel beginnen würde. Aufgrund der westlichen Kultur Australiens waren wir nicht überrascht, dass plötzlich alles doppelt und dreifach so teuer war als noch zuvor in Asien. Das gab uns einen zusätzlichen Grund etwas Neues auszuprobieren.

Schon seit längerem war uns die Online-Plattform "Couchsurfing" bekannt. Sie dient dazu, Reisende mit privaten Einheimischen zu connecten. Das Ziel hinter diesem Netzwerk ist es, den kulturellen Austausch zu fördern. Reisende sollen damit die Möglichkeit bekommen, nicht nur umsonst nächtigen zu können, sondern bekommen durch die Couchsurfing Erfahrung im Idealfall auch das Leben eines Ortes aus einem anderen Blickwinkel zu sehen. Oft fragen sich die Leute bei diesem Konzept, welchen Profit der Gastgeber davon hat. Nun ja, für gewöhnlich handelt es sich bei den sogenannten "Hosts" um kulturinteressierte, weltoffene Menschen, denen es eine Freude bereitet Leute aus aller Welt kennenzulernen.

Als wir zwei Tage vor dem Flug über Raffis Account jemanden gefunden hatten, der uns für zwei Nächte beherbergen würde, hielt uns nichts mehr von unserer ersten Couchsurfing Erfahrung ab. Aufgrund der Zeitverschiebung kamen wir bereits früh am Morgen in Cairns an und saßen um 06:30 Uhr in einem Uber, das uns zur Unterkunft brachte. Die Hosts meinten, dass die Tür offen sein werde und wir es uns einfach im Wohnzimmer gemütlich machen sollten, sobald wir da wären.

Die Aufgeregtheit dominierte über meine Müdigkeit an jenem Morgen. Die Wohngegend, in der wir abgesetzt wurden, schien sehr zentral zu sein und sah wirklich schön aus. Wir hatten keinerlei Ahnung, was auf uns zukommen würde. Die hoffnungsvollen Erwartungen stiegen so lange an, bis wir vor der tatsächlichen Unterkunft standen. Ich öffnete die Tür und erblickte ein junges Mädchen, das geschätzt um die 18 Jahre alt war und uns gleich begrüßte. Gemeinsam mit ihrer besten Freundin war sie aus Chicago gekommen. Nachdem wir kurz geplaudert hatten, erzählten sie uns (fast) alles, was wir wissen mussten.

In dieser Wohnung sind ununterbrochen Couchsurfer am Kommen und Gehen. Die Wohnung bestand aus einem kleinen Badezimmer ohne Tür und Vorhang (jeder könnte einem theoretisch beim Duschen beobachten), einem kleinen Schlafzimmer der Hosts und einem bescheidenen Wohnzimmer, in dem sich eine einfache Küche, eine Couch, eine dreckige Matratze und eine Menge Kram befanden. Alles sah sehr einfach sowie unaufgeräumt aus und obwohl ich kein pingeliger Mensch bin, war es für mich schwer vorstellbar, dass jemand unter diesen Umständen gern langfristig leben würde.

Nach einer längeren, netten Unterhaltung mit den Amerikanerinnen kamen die Hosts gegen 07:30 Uhr ins Wohnzimmer und machten dabei einen sehr entspannten Eindruck. Es handelte sich bei ihnen um ein portugiesisches Paar, beide Ende 20, die vorübergehend nach Australien gezogen waren. Da die Wohnung und die Lebensmittel im Supermarkt ziemlich günstig sind und der Mindestlohn in Australien tendenziell hoch ist, gab diese Ausgangslage ihnen eine gute Möglichkeit Geld anzusparen, um nach spätestens zwei Jahren eine Farm in Portugal zu kaufen und ein unabhängiges Leben zu führen.

Spannend wurde die Unterhaltung, als ich nach der Arbeit der beiden fragte. Der Mann sagte, dass er gerade daran arbeitet Lehrer zu werden. Die Frau erzählte von ihrem Job im Regenwald (was genau, weiß ich nicht mehr) und dass sie privat Massagen anbietet, um an zusätzliches Geld zu kommen. Als ich daraufhin nach der Art der Massagen fragte und etwas Ähnliches wie Shiatsu als Antwort erwartete, begann sie von Erotik-Massagen mit Happy End zu reden. Im ersten Moment dachte ich, dass sie uns damit nur verarschen wollte, aber es schien ihr voller Ernst gewesen zu sein. Um die Situation nicht unangenehm zu machen, tat ich einfach so, als wäre es der normalste Beruf der Welt und blieb cool. Aus Neugierde fragte ich den Mann, ob ihn der Nebenjob ihrer Frau nicht stört, woraufhin ich eine weitere unerwartete Antwort bekam.

Er erzählte, dass er auch auf diese Art und Weise versucht hatte sich zusätzliches Geld zu verdienen, die Nachfrage bei ihm allerdings nicht groß war. Erneut musste ich mir ein Schmunzeln im Gesicht verkneifen. Da meldete sich Raffi ebenfalls zu Wort, zeigte dabei auf die dreckige Matratze und fragte, ob die "Kunden" hier massiert werden würden. Da es vorgesehen war, dass wir auf dieser Queensize-Matratze schlafen würden, war das logischerweise eine entscheidende Frage für unseren Verbleib. Zum Glück bekamen wir die Entwarnung, dass die Massagen nur im Schlafzimmer stattfinden und keine Gäste während des Zeitraums der Massagen im Haus erlaubt sind.

Das Pärchen wirkte beim ersten Kennenlernen zwar von ihrer Lebensweise etwas atypisch und für Leute wie uns etwas merkwürdig, aber da sie als Gastgeber einen hilfsbereiten Eindruck machten, entschieden sich Raffi und ich dazu unsere erste Couchsurfing Erfahrung durchzuziehen.

Nach einem langen ersten Tag kamen wir abends zurück zur besagten Wohnung und trafen da auf einen Österreicher, der sich ebenfalls über Couchsurfing ein paar Nächte bei dem portugiesischen Pärchen organisiert hatte. Er erzählte ein paar von seinen Reisegeschichten und wir von unseren, bis ich plötzlich von einer Sekunde auf die andere einschlief, weil ich so erledigt gewesen war.

Am nächsten Morgen erzählte uns unser Host "Manuel" von der letzten Nacht, die er auf einer Party verbracht hatte. Er konnte sich nicht mehr an allzu viel erinnern, war aber noch in der Lage die sechs verschiedenen Arten von Drogen aufzuzählen, die auf dieser Party genommen wurden. Von Kokain bis hin zu Speed und Meth waren alle bekannten Arten mit dabei.

Es war verrückt. Auch, wenn die beiden ein ganz anderes Leben als ich führten und Dinge taten, die ich niemals tun würde und ehrlich gesagt abschreckend finde, gelang es mir sie dennoch ganz normal zu behandeln und ich urteilte kein bisschen über sie. Ich respektierte ihre Lebensweisen sowie Entscheidungen und akzeptierte sie, wie sie waren.

Ich denke in unserer Gesellschaft wird darauf viel zu wenig achtgegeben. Anders zu sein bedeutet in meinen Augen nichts Besseres oder Schlechteres. Jeder Mensch hat andere Interessen,

Vorlieben und Vorstellungen und ich denke, dass jeder unabhängig von diesen Dingen und auf gleiche Weise akzeptiert und respektiert werden sollte.

Klar ist es einfach, solche diplomatischen Aussagen zu tätigen und sich dabei gut zu fühlen. In der Realität gerät diese Denkweise aber immer wieder in Vergessenheit, selbst, wenn dahinter nicht einmal eine Absicht steht. Vorurteile beginnen im Unterbewusstsein und tauchen oft auf, wenn man es selbst gar nicht merkt. Dank dem portugiesischen Paar konnte ich diese Denkweise bewusster in die Tat umsetzen und im Umgang mit anderen einen Schritt in die richtige Richtung machen. Somit gehörte auch diese Begegnung zu denjenigen, die mich besonders zum Nachdenken gebracht haben.

#4 Byron Bay (Australien), Tag 134

Eine kurze Geschichte mit klarer Message. Eines Morgens in der Küstenstadt Byron Bay machte ich mich gerade auf den Weg zu einem Reisebüro, um mir einen Campervan in Neuseeland zu sichern. Nach wenigen Gehminuten ging ich an einem sichtlich obdachlosen, alten Mann vorbei, der ein buntes Hippie Shirt trug, mit einem Hula-Hoop-Reifen tanzte, währenddessen zwei Rasseln mit den Händen schüttelte und in Dauerschleife "Have a good day in Byron Bay!" rief. Es war nicht zu übersehen, dass er die Aufmerksamkeit jedes

Fußgängers bekam, der an ihm passierte und diesen zum Schmunzeln brachte. Das schien ihn aber völlig kalt zu lassen und hielt ihn nicht davon ab, seinen Auftritt weiterhin ungestört durchzuziehen.

Nachdem ich fast 90 Minuten im Reisebüro verbracht hatte, machte ich mich auf den Rückweg und traf genau an derselben Stelle den obdachlosen Straßenkünstler wieder. Er machte genau die gleichen Bewegungen und rief exakt die gleichen Worte wie zuvor: "Have a good day in Byron Bay." Seine Stimmung blieb auch unverändert. Er wirkte glücklich. "Aber ist das überhaupt möglich?", dachte ich mir, während ich weiterging. Es waren noch etwa 20 Gehminuten bis zu meinem Hostel und die Frage ging mir einfach nicht mehr aus dem Kopf.

Lange grübelte ich hin und her, bis ich mir irgendwann dachte: "Nun ja, wieso eigentlich nicht." Es gibt schließlich keine Maßeinheiten für Glück. Für manche Leute reichen Kleinigkeiten, die für andere selbstverständlich wirken, um glücklich zu sein, für andere hingegen ist mehr notwendig.

Es lässt sich bis zur Unendlichkeit darüber philosophieren, was es bedeutet glücklich zu sein. Oft wird gesagt "Happiness is a state of mind", was bedeuten würde, dass theoretisch jeder Mensch in ziemlich jeder Situation die Möglichkeit hat, glücklich zu sein. Natürlich kann niemand IMMER glücklich sein. Der tanzende Obdachlose hat mir an jenem Tag allerdings gezeigt, dass wir unabhängig von unseren Lebenssituationen jeden Tag die Option haben glücklich zu sein und zu definieren, was es ausmacht und was es bedeutet, glücklich zu sein.

#5 Grafton (Australien), Tag 136

Nach einer 3,5-stündigen Busfahrt mit dem sogenannten "Greyhoundbus" stieg ich im Busbahnhof einer Stadt namens Grafton aus. Einen Tag zuvor hatte mich noch eine Hostel-Mitarbeiterin ausgelacht, der ich von meinem nächsten Stop erzählt hatte. Mit einer lachenden Stimme erklärte sie mir selbstsicher, dass eine Nacht dort völlige Zeitverschwendung sein würde und ich mich nur langweilen werde.

Gut, dass ich nicht auf sie gehört hatte und meinem Bauchgefühl folgte, das mich gar erst in diese kleine Stadt brachte. Es stellte sich nämlich heraus, dass mein zufällig ausgewählter eineinhalb-tägiger Aufenthalt in Grafton zu einer unvergesslichen Zeit wurde.

Zuvor hatte ich die Entscheidung getroffen, mich allein in ein neues Couchsurfing Abenteuer zu stürzen. Über die Plattform stieß ich auf eine russische Frau mittleren Alters, die einen gastfreundlichen Eindruck machte. Nach ein paar kurzen Nachrichten, die wir hin und her sendeten, fixierten wir meine Übernachtung bei ihrer Familie und machten uns weitere Details aus. Sie meinte, sie würde mich

232

gemeinsam mit ihrer zwölfjährigen Tochter in einem blauen Mercedes Van abholen.

Wenige Minuten nach meiner Ankunft am Busbahnhof sah ich den beschriebenen Van in den Parkplatz einbiegen. Sekunden später war ich kurzzeitig verwirrt als lediglich ein stämmiger, älterer Herr mit einem witzig aussehenden Zipfelbart aus dem Auto ausstieg. Er stellte sich unter den Namen Lance vor, sagte mir, ich könne den großen Rucksack auf die Rückbank legen und am Beifahrersitz Platz nehmen. Natürlich nahm ich sofort an, dass es sich dabei um den Mann von der Hostess Anzhela handeln müsse, fragte aber zur Sicherheit nochmal nach, um meine Annahme zu bestätigen.

Nach einer kurzen Fahrt zum Haus begrüßten mich gleich zwei Jugendliche an der Tür. Eine der beiden war die zuvor genannte Tochter Zlatka, die makellos Englisch sprach und rosa gefärbte Haarsträhnen trug. Es stellte sich schnell heraus, dass der andere ein italienischer Austauschschüler namens Nicola war. Nach einem kurzen Smalltalk mit den beiden begrüßte mich zu guter Letzt Anzhela, die mir sofort eine Hausführung gab.

Es dauerte nicht lange, bis wir alle am Tisch saßen und begannen uns in eine Unterhaltung zu vertiefen. Ich fühlte mich bei dieser kulturreichen Familie sehr rasch wohl und konnte sie bereits nach den ersten Minuten als herzensgute und gastfreundliche Menschen einschätzen. Sie ließen mich sogar von einem selbstgemachten ukrainischen Gericht namens "Kiew Chicken" kosten.

Ich erzählte ihnen eine Menge über meine Reisen, mein Leben zu Hause und stellte anschließend selbst ein paar Fragen, um auch mehr über die Familie zu erfahren. Wie erwartet, meinten sie genauso wie die Hostel Mitarbeiterin am Tag zuvor, dass der Ort Grafton für gewöhnlich kaum Touristen zu Gesicht bekommt und es nicht viel Sehenswertes geben würde. Nichtsdestotrotz war ich nach wie vor davon überzeugt, dass dieser Aufenthalt erinnerungswürdig werden würde.

Gegen 16:00 Uhr fuhren Lance und Nicola zum Supermarkt einkaufen und setzten Zlatka bei dem Restaurant ab, in dem sie ab und zu aushalf. Da sich Anzhela mit einem Buch beschäftigte, nahm ich mir die freie Zeit, um laufen zu gehen. Nach etwa eineinhalb Kilometern Bergauflaufen bei 33 Grad kam ich bei einem kleinen Friedhof an. Ich entdeckte eine Betonmauer, die beim Eingang niedrig anfing und seitlich entlang mit jedem Meter um ein paar Zentimeter höher wurde. Die Höhenunterschiede verlockten mich dazu meine Sprungkraft auszutesten. Spoiler: blöde Idee.

Ich startete bei der niedrigsten Stufe, stellte mich knapp davor und sprang beidbeinig auf sie drauf. Nach jedem Sprung steigerte ich mich um eine Stufe, was zu Beginn kein Problem für mich darstellte. Als mir der Sprung auf die vorletzte souverän gelang, waren sowohl

Ehrgeiz als auch Selbstbewusstsein groß genug, um auch den Sprung auf die höchste Stufe zu wagen. Zuerst zögerte ich etwas, da sich die Stufe fast auf meiner Brusthöhe befand und ich mir nicht mehr sicher war, ob mir der letzte Sprung nicht doch zu hoch war. "Was sollte schon Großartiges passieren", dachte ich mir, kurz bevor ich tatsächlich den Mut hatte zu springen.

Gerade einmal zwei Sekunden später bereute ich diese Entscheidung. Tatsächlich schaffte ich es zwar auf die Kante der Stufe zu springen, rutschte allerdings unglücklich mit einem Fuß ab und landete mit meinem rechten Schienbein auf der Kante. Zuerst befand ich mich in einer Schockstarre, in der nicht mehr als ein Loch in meinem Schienbein zu sehen war. Kurz danach begann Blut daraus zu strömen und mein Herz fing rasant an zu klopfen. Etwas über dem Cut bildete sich schnell eine verdammt große Beule, die höllisch Schmerzen verursachte. Obwohl ich mich in einer ziemlichen Schockphase befand, gelang es mir möglichst kühlen Kopf zu bewahren und ich fing an, die Straße bergab die eineinhalb Kilometer zurück zum Haus wie ein Zombie zu humpeln.

Als ich an einer Kirche vorbeikam, entdeckte ich plötzlich ein Känguru, das vor dem Eingang stand und mich beobachtete. Es hatte einen Blick drauf, der sagte, dass es etwas verbrochen hätte und nicht möchte, dass jemand davon etwas mitbekommt. Der Körper des Beuteltieres blieb starr und einzig und allein der Kopf folgte meiner Richtung, als ich langsam daran vorbeiging. Die Situation fühlte sich richtig merkwürdig an und wirkte fast etwas surreal. Nachdem ich kurzzeitig im Gedanken daran gefangen war, konzentrierte ich mich wieder darauf so bald wie möglich zum Haus der Familie zurückzukehren.

Nicola war bereits mit Lance wieder vom Einkauf zurückgekommen und brachte mir schockiert schnellstmöglich einen Desinfektionsspray und einen Verband. Ich gab mein Bestes mich nicht von Nicolas Augen beunruhigen zu lassen, als er sie beim Anblick meiner Wunde ruckartig aufriss. Noch bevor ich mich mit dem Erste-Hilfe-Kasten selbst verarztete, säuberte ich mit erhöhter Nervosität die Wunde in der Dusche. Dabei versuchte ich so gut wie möglich meine zitternden Finger zu ignorieren. Je mehr sich mein Schockzustand verringerte, desto größer wurden die tatsächlichen Schmerzen.

Nachdem etwa 20 Minuten verging, waren die Schmerzen beinahe nicht mehr auszuhalten und ich begann mir Sorgen zu machen. Da ich sichergehen wollte, dass es sich um keine Verletzung mit ernsthaften Folgen handelte, humpelte ich in Lance's Büro, das sich gleich in der Garage nebenan befand, um ihn zu bitten, mich zum nächsten Arzt zu fahren.

Noch bevor ich mich anmelden musste, sah sich eine Arztassistentin die Verletzung genau an. Sie war verblüfft von der Tiefe der Wunde, konnte mir aber versichern, dass der Schienbeinknochen nichts Ernstzunehmendes abbekommen hatte. Die nach wie vor blutende

Wunde wurde geklebt und mit einem Verband stark umwickelt. Ich bekam die Anweisung, die Verletzung mit viel Ruhe und Eis zu behandeln. Zusätzlich bekam ich ein Schmerzmittel mit, auf das ich allerdings verzichtete.

Während eines Besuchs in der Lieblingspizzeria der Familie vertieften wir uns in weitere gute Unterhaltungen. Geschichten wurden erzählt, Bier wurde getrunken und Freundschaften auf Basis von Offenheit und Interesse an anderen Kulturen entstanden. Zurück im Haus zeigte ich ihnen meine Reisetagebücher, von denen sie alle fasziniert waren.

Zum ersten Mal seit 136 Tagen hatte ich ein Zimmer für mich allein. Es herrschten keinerlei Geräusche, die mich wachhalten konnten und es wurden seit langem wieder einmal meine unterbewussten Schutzsensoren über meine Wertgegenstände deaktiviert, wodurch mir ein herrlicher, entspannter Schlaf garantiert war.

Anzhela hatte mir am nächsten Morgen ein Spiegelei mit belegtem Brot und dazu sogar einen leckeren Espresso gemacht. Eine Stunde später erzählte mir Zlatka von einem russischen Feiertag, der an jenem Tag zelebriert wurde, woraufhin etwas später zwei weitere russische Familien aus der Nachbarschaft zum Essen und Feiern vorbeikamen. Nach dem Essen setzte ich mich mit Kaffee und Kuchen auf die Terrasse und gesellte mich zu der Männerrunde, die sich gerade über die großen Brände an der australischen Ostküste unterhielt. Nicola erzählte mir auf Italienisch über einen Großbrand, den sie vier Wochen zuvor in Grafton hatten und übersetzte mir einzelne Wörter, die ich nicht verstand, auf Englisch. Wie man es von Italienern kennt, schilderte er mir gespannt und mit vielen Handgestiken seine Eindrücke. Er meinte, dass der Himmel ausnahmslos rot ausgesehen hatte und dass er beim Anblick dieses Phänomens sprachlos geworden war.

Gegen 16:00 Uhr hatten die Gäste das Haus verlassen. Ich spielte gerade mit Nicola und Zlatka ein neues Kartenspiel, das sie mir beigebracht hatten, als Lance auf mich zukam und mich fragte, ob ich Lust auf eine Spritztour hätte. Er hatte sich wohl gemerkt, dass ich am Abend zuvor davon erzählt hatte, wie fasziniert ich von Kängurus war, aber noch kein wildes aus unmittelbarer Nähe betrachten konnte. Dies wollte Lance ändern und fuhr mit mir im Auto durch die Gegend.

Es dauerte nicht lange, bis wir die ersten auf einem Golfplatz am anderen Ende des Zauns sahen. Sowohl größere als auch kleinere hoppelten friedlich umher. Selbst in den Vorgärten der Einwohner waren Kängurus zu sehen, die unschuldig rumstanden, als wären sie Haustiere. Lance war diesen Anblick zwar schon gewöhnt, aber ich war absolut fasziniert und hätte die Kängurus stundenlang beobachten können, ohne mich zu langweilen.

Abends musste ich mich nach einem letzten gemeinsamen Essen von allen herzlich verabschieden, da bereits das nächste Abenteuer auf mich wartete. Ich hatte zwar gerade einmal eineinhalb Tage mit dieser Familie verbracht, hatte aber bereits nach diesem kurzen Zeitraum das Gefühl die Familie gut zu kennen. Kurz vor dem Abschied kam mir noch ein Schmunzeln ins Gesicht, als ich an die Frau vom Hostel im Ort zuvor denken musste, die sich sicher war, dass mir in Grafton langweilig werden würde. Im Nachhinein gesehen war ich absolut froh, dass ich mir von ihr nichts einreden gelassen und auf mein Bauchgefühl gehört hatte, da sich mein Aufenthalt als alles andere als langweilig herausstellte.

Es war mir wichtig ihnen meine Dankbarkeit für diese hilfsbereite und unfassbar gastfreundliche Familie auszudrücken und bedankte mich von ganzem Herzen für die kulturell lehrreiche Zeit, die ich mit dieser uneigennützigen Familie verbringen durfte. Die Zeit mit ihnen inspirierte mich dazu, noch weltoffener zu werden. Die Tatsache, dass sich diese Familie mir gegenüber so gastfreundlich und interessiert verhielt, gab mir eine Perspektive an eine Welt glauben zu dürfen, in der wir Menschen mehr auf das Geben als auf das Nehmen fokussiert sind. Mir wurde außerdem folgendes klar:

Wenn der Mensch begreift, dass ein jeder davon profitiert würde, wenn wir uns bereit erklären von der Gier abzuweichen und stattdessen offenherzig miteinander zu teilen, würde das unser aller Leben um ein Vielfaches einfacher und schöner gestalten. Ich bin davon überzeugt, dass dies einige Probleme, denen wir im Alltag begegnen, lösen würde.

#6 Wayalailai (Fidschi), Tag 154

Es geschah auf meiner dritten Insel Fidschis, als ich eine Frau kennenlernen durfte, die zu den Menschen gehört, die keine Angst davor haben, einen anderen Weg einzuschlagen als die meisten anderen. Ihr Name war Muriel und ich hätte sie auf Ende 50 eingeschätzt. Sie gehörte mit drei anderen und mir zu den einzigen Soloreisenden, die sich zu diesem Zeitpunkt auf der Insel befanden. Die anderen acht waren jeweils als Pärchen unterwegs.

Als ich Muriel zum ersten Mal begegnete, schenkte ich ihr abgesehen von einem Smalltalk wenig Beachtung, da ich nichts anderes als meinen anfallenden Kajakausflug während des Sonnenuntergangs im Kopf hatte. Obwohl mir durch die starken Wellen leicht übel wurde, machte der atemberaubende Anblick des Sonnenuntergangs hinter dem Meereshorizont den Ausflug zu einem unverzichtbaren Erlebnis!

Nach dem Kajaking ging ich zurück zu meinem Bungalow, wo ich wieder auf Muriel traf, die zufälligerweise im Bungalow nebenan übernachtete. Dadurch, dass wir nur so wenige Gäste auf einmal waren, hatte jeder ein Bungalow für sich. Als ich ihr begegnete, begann sie mir von ihrer Aktivität zu erzählen. Mit absoluter Leidenschaft erzählte sie mir von ihrem nervenaufreibenden Schnorchel-Ausflug, bei dem sie Haie fütterte. Sie betonte dabei mehrmals ihr großes Interesse an Abenteuern. Obwohl ich sie bei unserer ersten Begegnung ganz und gar nicht als Adrenalinjunkie eingeschätzt hatte, schien ich mich geirrt zu haben.

Da die traditionelle Kawa-Zeremonie wenige Minuten später begann, musste ich das interessante Gespräch leider mitten in der Spannung beenden, um noch rechtzeitig duschen zu können.

Bei "Kawa" handelt es sich um ein Gemisch aus einer speziellen, zerstampften Wurzel und Wasser und es gilt in einigen Ländern im Südpazifik als DAS Abendgetränk. Laut den Einheimischen hat es einen ähnlichen Einfluss wie leichte Drogen auf den Körper, der allerdings in diesem Fall nicht schädlich sei. Für eine Zeremonie werden benötigt:

1) Eine spezielle Matte auf der alle (im Schneidersitz oder mit angewinkelten Füßen) im Kreis sitzen
2) Spezielle, aus natürlichen Rohstoffen, angefertigte Tücher
3) Eine Kette mit einem bestimmten Horn, das einen Wert von etwa 500 USD hat (wird oftmals nur von Freunden ausgeborgt, weil es für die meisten nicht leistbar ist)
4) Kawa

Der jüngste Sohn hat bei der Zeremonie die Aufgabe, das Kawa aus einer großen Hartholzschüssel in eine Kokosnussschale zu füllen, die er dann der ersten Person im Kreis überreicht. Bei der Übergabe muss die sitzende Person einmal klatschen und "Bula" sagen, was übersetzt "Hallo", sowie, dass man jemandem Leben wünscht, bedeutet. Dann wird der Kawa in einem Zug ausgetrunken und die Person klatscht erneut dreimal. Infolgedessen wird wieder nachgefüllt und die nächste Person kommt dran. Zwischendurch wird gequatscht und gelacht. Das ganze Ritual kann bis zu mehreren Stunden andauern. Die meisten Touristen beschrieben den Geschmack als "matschig", aber ich hingegen fand es gar nicht so übel!

Am Ende der Zeremonie begann Muriel vom Abenteuer ihres Lebens zu erzählen, in dem sie sich zu dieser Zeit befand. Sie war bereits seit zwei Jahren unterwegs, in denen sie 43 Länder besuchte. Zuvor hatte sie ihr gesamtes Vermögen verkauft. Ihr Traum war es, zweieinhalb Jahre lang um die Welt zu reisen und anschließend ein Selbstversorgerhaus in den USA zu bauen. Sie hatte tatsächlich alles, was sie besaß, aufgegeben, um ihren eigenen Weg zu gehen und tauschte dabei Besitztümer, Sicherheit, Freundschaften und Familie gegen die absolute Freiheit und Unabhängigkeit. Sie hatte die Gelassenheit eines Buddhas und die Abenteuerlust eines jungen Weltenbummlers.

Für mich persönlich war es sehr interessant eine Person kennenzulernen, die bereit war alles, was sie sich über ihr Leben lang aufgebaut hatte, aufzugeben und eine komplett neue Richtung

einzuschlagen. Das zeigte sehr viel Mut, Wille und Bereitschaft ihren
Traum zu verwirklichen.

#7 Punakaiki (Neuseeland), Tag 174

Nach einem Ausflug zu den sogenannten Pancake Rocks (tatsächlich
Felsen, die aussehen wie gestapelte Pfannkuchen), die ein beliebtes
Touristenziel an der Südinsel Neuseelands sind, suchte ich eines
Nachts nach dem nächstgelegenen Campingplatz auf einer App, die
mich mit allen nötigen Camping-Infos versorgte. Diese zeigte mir
einen gratis Campingplatz an, in dessen Bewertungen ständig dasselbe
Thema aufkam: ein Mann, der als "Pancakeman" bezeichnet wird. Ich
konnte mir zusammenreimen, dass es sich dabei um einen
Pensionisten handelt, der offenbar jeden Morgen mit seinem
Anhänger zum selben Campingplatz fährt, frische Pancakes für die
Camper zubereitet und heißen Kaffee verkauft. Als ich mir das
warme, süße Frühstück zum Sonnenaufgang bildlich vorstellte, stieg in
mir die Aufregung und ich wusste sofort, wo es für diese Nacht
hingehen sollte.

Als ich am nächsten Morgen aufwachte, erkannte ich ihn sofort. Er
war mit seinem Hund gekommen, dem er regelmäßig einen Ball zum
Holen mit einem Tennisschläger wegschlug. Er war gerade mit zwei
alten Damen in ein Gespräch verwickelt. Ein paar Meter weiter war
sein Anhänger zu sehen. Mit knurrendem Magen ging ich auf den

sichtbar glücklichen, weißbärtigen Mann zu. Noch bevor ich irgendetwas sagen konnte, warf er mir einen Blick zu und bot mir den Tennisschläger an. "May I?", fragte ich begeistert. "You may", antwortete er. Ein gutes Gespräch begann und ich merkte förmlich, wie seine glückliche Ausstrahlung meine Stimmung positiv beeinflusste. Sobald ich zu Wort kam, fragte ich, ob er DER Pancakeman sei und ob er mir eine Portion seiner scheinbar legendären Pancakes machen würde. Komplett gelassen gingen wir zusammen zu seinem Anhänger, wo er mit der Zubereitung begann. Währenddessen führten wir unsere Unterhaltung stets fort und begannen zuerst über meine Route und anschließend über Gott und die Welt zu reden.

Nach wenigen Minuten bekam ich die besten Pancakes meines Lebens zu schmecken, während ich mir einige Witze und Erzählungen vom Leben des alten Neuseeländers anhörte. Er schien sehr witzig und clever zu sein. Nachdem ich fertig gegessen hatte und als der Hund des Pensionisten gerade dabei war, dem geschlagenen Tennisball hinterherzulaufen, musste ich einfach die Frage stellen, die mir, seitdem ich den Begriff "Pancakeman" in den Campingplatz-Bewertungen gelesen hate, durch den Kopf ging. "What's your secret?", fragte ich ihn gespannt.

Mit einem Lächeln im Gesicht sah er mir in die Augen und antwortete, er habe keine Geheimnisse. Da musste ich natürlich nachstöbern und verlängerte meine Frage: "What's the secret for your happiness?" Erneut erblickte ich dieses Lächeln. Nach einem raschen Atemzug begann er nach einer passenden Antwort zu suchen. Ohne konkrete Beispiele zu nennen, behauptete er, dass er alles, was ihm im Leben wichtig war, erreicht und erlebt hatte. Wenn ihn der Tod eines Tages einholen würde, hätte er nichts zu bereuen, meinte er.

Er wirkte sehr überzeugend, allerdings hatte ich das Gefühl, als wäre das nicht alles, was hinter seiner Glückseligkeit steckte. Bei kurzfristiger Stille richtete sich mein nachdenklicher Blick so lange in die Luft, bis der alte Mann begann weiterzureden. Er erzählte, dass er seine wenigen, großen Träume im Leben verwirklicht hatte und es ihm seit längerem nur noch am Herzen lag, neben der wertvollen Zeit mit seiner Familie und seinen Freunden etwas zurückzugeben. Es hatte wohl ein bisschen gedauert, bis er etwas finden konnte, mit dem er tagtäglich Leuten ein Lächeln ins Gesicht zaubern konnte. Eines Sonntagmorgens stand er extra früh auf, um seine Frau mit Pancakes zu überraschen. Offenbar gelang ihm die Überraschung, denn diese brachte ihn auf die Idee, einen Anhänger zu kaufen und eine bescheidene Küche darin einzurichten. Stolz behauptete er, dass seit Beginn der Pancakeman-Idee kaum ein Tag am Campingplatz mehr verging, an dem er niemanden mit seiner Frühstückszubereitung glücklich machte.

Beim Rest der Unterhaltung machte er einen sehr dankbaren Eindruck und strahlte wie bereits die ganze Zeit pure, authentische

Freude aus. Das Gespräch brachte mich viel zum Nachdenken und ich begann zu diesem Zeitpunkt darüber zu grübeln, welche Träume ich erfüllen müsste, um eines Tages denselben Einklang aus Gelassenheit, Dankbarkeit, Freude und Wille etwas zurückgeben zu wollen, zu erreichen. Ich denke, dass es jeder schaffen kann, dieses Level an Zufriedenheit mit dem eigenen Leben und individuellen Träumen zu erreichen. Dennoch gibt es keinen Grund mit der Wertschätzung und dem Willen, etwas zurückgeben zu wollen, zu warten, bis alle eigenen Träume erreicht wurden. Meines Erachtens tragen diese Werte einen wichtigen Teil zu einem erfüllten Leben bei und helfen dabei auch das Leben anderer besser zu machen.

#8 Maui (Hawaii, USA), Tag 188

"Sometimes, all you need are simply good people around you", trug ich nach dem erinnerungswürdigen 188. Tag meiner Backpackingreise in mein Tagebuch ein. Ich befand mich zu dieser Zeit auf der hawaiianischen Insel Maui und diese Geschichte fand am nächsten Tag nach meiner Whale-watching Tour mit dem Uber-Fahrer statt. Am Morgen von Tag 188 fand ich mich mit bereits gemachten Bekanntschaften auf einem der Tische im Outdoorbereich wieder. Alle noch Anwesenden entschieden sich gegen die vom Hostel organisierte Schnorchel-Tour und waren offen dafür, einen eigenen, gemeinsamen Tagesplan zu schmieden.

Während ich an meinem 1-Kilo Joghurt arbeitete, welches ich mir auf meine verfügbaren Tage gemeinsam mit Eiern und Brot als Frühstück aufteilte, warf jemand den Vorschlag in die Runde, ein Auto für den Tag zu mieten, um einen spontanen Tagestrip zu machen. Die Idee kam an unserem Tisch gut an, da es bis auf organisierte Bustouren, Uber-Taxis und Mietautos keine andere Möglichkeit gab, um innerhalb der Insel von A nach B zu kommen.

Es bildete sich blitzschnell eine Gruppe, die bereit war diesen Roadtrip in die Tat umzusetzen, welche aus drei Deutschen, einem Schweizer, einer Kanadierin, einer Amerikanerin und mir bestand. Der Schweizer war unter dem Namen Gabriel bekannt und übernahm sowohl die Organisation als auch die Abholung des Mietautos, welches kein geringeres als ein 7-Sitzer Mercedes Van sein sollte. Mit reichlich guter Laune kauften wir zuerst Getränke sowie Snacks ein und machten uns anschließend auf den Weg. Wohin es gehen sollte, war zwar vorerst unklar, da vor allem der Weg das Ziel war.

Im Auto wurde Musik gehört, getrunken, gesungen und gelacht. Es war bereits vormittags jedem von uns klar, dass dies ein unglaublicher Tag werden würde. Als wir in einen Stau gerieten, wurde unsere gute Laune nicht verringert, sondern einzig und allein unser Plan genauer definiert. Wir blieben demnach am nächstgelegenen Strand stehen und begannen eine kleine, private Party zu veranstalten. Es schien, als hätte jeder die Zeit seines Lebens und wir verbrachten unsere gemeinsamen Stunden mit viel Gelächter und bester Stimmung. Bei all dem Fokus auf den geteilten Spaß entgingen mir glatt die mit Dornen vollbepackten Äste, die sich in nicht allzu weiter Ferne im Sand befanden. Bei meiner Unvorsichtigkeit an diesem Tag trat ich während eines barfüßigen Laufes dreimal auf solche Äste, dessen Dornen sich auf den Unterseiten meiner Füße festbohrten. Der Schmerz wirkte zu diesem Zeitpunkt noch halb so schlimm, weswegen ich nach kürzester Zeit den Versuch die Dornen herauszuziehen abbrach.

Trotz der Schmerzen in den Füßen, die nach einer Weile immer stärker wurden, hatte ich den ganzen Tag über das pure Gefühl von Freiheit, Freude und Lebensenergie. Ich denke, gerade für junge Leute, die sich in einer Selbstfindungsphase befinden, ist es enorm wichtig sich teilweise unsterblich zu fühlen. Gerade in den 20ern ist es besonders entscheidend das Leben zu genießen und Momente zu sammeln, die dem Leben seine feine Note geben. Doch meine Frage dazu lautet: Wieso sollte das irgendwann weniger werden oder gar aufhören?

Während meiner Schulzeit wurden meine Freunde und ich gerne mal als kindisch oder unreif bezeichnet, weil wir pausenlos am Lachen waren und oftmals viel Blödsinn im Kopf hatten, der uns amüsierte. Doch auch zu dieser Zeit empfand ich regelmäßig die obengenannten Gefühle und merkte, dass ich meine Zeit stets genoss. Viele Menschen machen den Eindruck, als wäre es nicht möglich das innere, spaßhafte

Kind und den inneren, verantwortungsbewussten Erwachsenen gleichzeitig beizubehalten. Aufgrund der Erfahrungen auf meiner Reise, bei denen ich mich so selbstständig und reif wie nie zuvor fühlte und der Erlebnisse dieses Tages, an dem ich den Spaß meines inneren Kindes mit voller Bewusstheit genoss, kann ich jedoch mit Gewissheit sagen, dass man beides zugleich sein kann.

Mir fehlt zwar die Lebenserfahrung, um behaupten zu können, dass der Spaß am Leben nicht mit dem Alter weniger werden muss, aber mir ist klar, dass dies definitiv zu meinen wichtigen Aufgaben für die Zukunft gehört, diesen Verlust zu unterbinden.

Epilog: My Message for everyone out there

Abschließend möchte ich noch einmal all meine Geschichten und Lehren zusammenlegen und als Ganzes betrachten. Mein Hauptziel dieses Buches war es, den Mehrwert meiner Erfahrungen mit der Welt zu teilen. Für mich ist es eine Herzensangelegenheit meine Mitmenschen zu inspirieren und ihnen dabei zu helfen, sich in das Geschenk des Lebens zu verlieben.

Wir alle schreiben unser eigenes Buch. Seiten, die wir tagtäglich verfassen, auf welchen wir unsere Entscheidungen sowie Erfahrungen festgehalten, können nicht korrigiert werden, was einfach gesagt bedeutet, dass wir keinen Einfluss auf die Vergangenheit haben. Was allerdings einzig und allein in unserer Hand liegt, sind die Tage, die wir noch vor uns haben. Wir haben die Freiheit unser Leben nach unseren Vorstellungen zu leben. Jeden Tag haben wir die Möglichkeit, eine faszinierende, atemberaubende, neue Seite in unser Buch des Lebens zu schreiben.

Um ein aufregendes, einzigartiges Leben zu haben, braucht es keine Reise um die Welt. Fakt ist sogar, dass egal wofür wir uns entscheiden, das Leben eines jeden Einzelnen ein Unikat ist. Unser Abenteuer des Lebens kann auf verschiedenste Weisen stattfinden und wird von jedem anders definiert. Es kommt einzig und allein darauf an, dass es für einen selbst passt – ein Richtig oder Falsch gibt es dabei nicht.

Wir sind damit gesegnet jeden Morgen aufzuwachen und einen erneuten Fußabdruck auf die Welt zu setzen. 24 Stunden am Tag haben wir die freie Wahl darüber, welche Geschichten wir in unserem Buch des Lebens verfassen möchten. Es bleibt uns selbst überlassen, was wir aus unserem EINEN Leben machen. Dieses Geschenk Gottes sollte von uns allen wertgeschätzt und genutzt werden, solange es möglich ist. Während unserer letzten Atemzüge auf dieser Welt sollten wir an unser unglaubliches Leben zurückdenken können, aus dem wir das Beste gemacht und alles rausgeholt haben. Mit dieser Lebensenergie kann man nur zu den Gewinnern dieser Welt gehören!

Zum Schluss noch einmal mein Lebensmotto und zugleich der letzte Tipp:

Live a life you will remember.

Danksagung

Ich möchte diese Schlussworte nutzen, um den Leuten zu danken, die mich bei diesem riesigen Projekt unterstützt und mir dabei geholfen haben, diesen Traum zu erfüllen. Als Erstes kommt mir dabei meine Familie in den Sinn, die nicht nur immer hinter mir gestanden ist, sondern mich auch zum Reisen ermutigt hat.

Des Weiteren möchte ich meinem Onkel Andi, meiner Freundin Ann-Kathrin, meinem ehemaligen Lehrer Andreas und allen anderen Probe-Lesern danken, die mir dabei geholfen haben, die Erlebnisse und Erkenntnisse möglichst verständlich und nachvollziehbar zu erklären. Zusätzlich möchte ich die Gelegenheit nutzen, um meiner Schwester Anna zu danken, die beim Entwurf des Buchcovers eine tragende Rolle gespielt hat.

Die Veröffentlichung dieses Buches wäre ohne die freundliche Unterstützung meines Sponsors gar nicht erst möglich gewesen. Deswegen möchte ich mich mit ganzem Herzen bei **Wombat's City Hostels** bedanken deren Hostels man zum jetzigen Stand in Wien, München, Budapest und London findet.

Außerdem möchte ich meinem guten Freund Jakob danken, der mir meinen Kurzfilm atemberaubend gut zusammengeschnitten hat (siehe QR-Code, der sich am Beginn des Buches befindet).

Zu guter Letzt möchte ich meinem besten Freund und treuen Reisebegleiter Raffi bedanken, mit dem ich unheimlich viel erleben sowie durch dick und dünn gehen durfte. Diese Freundschaft wurde durch das Reisen unsterblich. Allen anderen Menschen, die ich im Zuge dieser Reise kennenlernen durfte, möchte ich hiermit auch nochmals für die wertvolle gemeinsame Zeit danken. Ihr wart alle ein wichtiger Bestandteil meines Abenteuers.